부모님에게
꼭 해드리고 싶은
39가지

이 책을 소중한

_____님에게 선물합니다.

_____ 드림

평범한 39인의 진솔하면서도 가슴 뭉클한 이야기

부모님에게
꼭 해드리고 싶은
39가지

기획 · 김태광

엄광훈 · 김용일 외 37인 지음

시너지북

부모님이 물려준 최고의 유산,
위대한 사랑 실천하기

누구보다 가깝고 편안한 관계가 바로 부모님이다. 그래서 누구
보다도 쉽게 마음에 상처를 준다. 부모님이 나에게 해 준 게 뭐가
있느냐며 가슴에 못을 박는 말들을 서슴지 않고 한다. 그래도 부
모님은 자식에게 한결같은 믿음과 사랑을 보여 주신다.

나도 자녀들에게 대가를 바라지 않는 뜨겁고 무한한 사랑, 즉
'내리사랑'을 쏟아붓고 있다. 자식을 낳고 부모가 된 뒤에야 비로
소 부모님의 마음을 알게 되었다. 특히 집을 떠나 생활하면서 몸
과 마음이 아플 때 가장 생각나는 것이 어머니의 밥상이다. 어머
니가 차려 주신 따뜻한 밥과 국 한 그릇만으로도 아픔이 모두 날

아간다. 부모님은 나의 고향이기 때문이다. 그러나 강한 바람에도 흔들리지 않는 거목 같았던 부모님이 이제는 작은 바람에도 흔들리는 연약한 들꽃이 되어 버리셨다.

우리의 부모님들은 부모라는 이유만으로 평생 고생하며 생활의 무게에 짓눌려 자신의 즐거움은 잊은 채 자식들의 성장만을 바라보고 사셨다. 우리는 흔히 부모님이 영원히 곁에 계실 것처럼 생각하고 행동한다. "돈을 많이 벌면 잘해 드려야지.", "반드시 성공해서 호강시켜 드려야지."라고 하지만 부모님은 우리를 기다려 주지 않는다.

이 책의 저자들은 위대한 사랑을 아낌없이 주신 부모님에게 따뜻한 사랑을 되돌려 주고 있다. 진정한 효도란 낳아 주시고 길러 주신 데 대한 감사와 사랑을 표현하는 것이다. 부모님의 거친 손 잡아 드리기, 부모님의 발 씻겨 드리기, 한 이불에서 함께 자기, 부모님과 다정하게 사진 찍기, 부모님과 함께 가족여행 하기 등… 더 늦기 전에 꼭 부모님에게 감사와 사랑의 마음을 전달해 보자. 부모님은 세상의 어떤 보물보다 당신의 사랑의 표현을 좋아하실 것이다. 우리의 작은 표현이 부모님에게는 큰 기쁨이 된다.

2016년 11월 신성호

contents

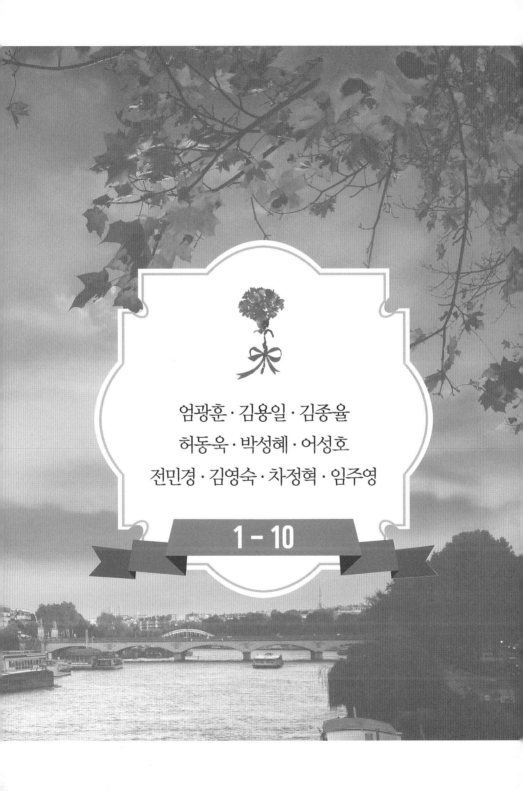

엄광훈 · 김용일 · 김종율
허동욱 · 박성혜 · 어성호
전민경 · 김영숙 · 차정혁 · 임주영

1 - 10

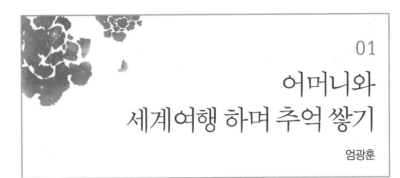

어머니와
세계여행 하며 추억 쌓기

엄광훈

책 쓰는 회사원, 자기계발 작가, 동기부여가, 직장인 자기계발 코치
평범한 7년 차 직장인이지만 '책 쓰기와 강연으로 1인 기업가 되기'라는 비범한 꿈을 위해 치열하게 준비하고 있다. 경험과 지식을 바탕으로 직장인들의 자기계발과 성공을 돕는 메신저가 되는 것이 목표다. 현재 직장인들의 자기계발에 대한 개인저서를 준비 중이다.
E-mail ekhzzang@naver.com

"아들아, 아버지 천국에 가셨다…."

전화기 너머로 어머니의 흐느끼는 목소리가 들렸다. 순간 심장이 멎고 하늘이 무너지는 것만 같았다. 병실에 누워 계시던 아버지 곁을 지키고 있다가 집에 잠깐 들른 사이에 임종하신 것이다. 끝까지 아버지의 임종을 지키지 못했다는 죄책감과 아버지를 위해 아무것도 할 수 없었다는 무력감이 파도처럼 밀려왔다. 그리고 함께하지 못한 시간들에 대한 회한으로 그 순간을 견디기가 너무나 힘들었다.

아버지는 올해 68세로 평소 감기 한 번 걸리지 않을 만큼 건강하셨다. 그런데 이상하게 올해 초부터 옆구리 통증을 호소하셔서 병원에 가 정밀 진단을 받았다. 폐암 세포가 갈비뼈까지 전이되어 있었다. 결국 아버지는 폐암 말기 진단을 받고 3개월을 더 사시다가 우리 곁을 떠나셨다.

공교롭게도 아버지께서 돌아가신 날은 부모님과 형님네 가족 그리고 우리 가족이 모두 함께 여행을 가기로 한 날이었다. 아버지께서는 여행을 가거나 외식을 하는 등의 집 밖에서 하는 활동에는 별 관심이 없으셨다. 아니, 그런 줄로만 알았다.

나는 대학 졸업 후 오랜 기간 사법시험 공부를 했다. 그러다 보니 남들보다 늦은 나이인 서른한 살에 늦깎이 취업을 했다. 공부하는 동안에는 부모님께 손 벌려 생활해야 했기에 여행은 꿈도 꾸지 못했다. 취업한 이후에도 바쁘다는 핑계로 부모님과 여행 갈 생각은 하지 못했다.

그러다 회사 입사동기였던 아내와 결혼했고, 매년 여름휴가에는 아내와 시간을 보냈다. 아내가 부모님 모시고 여행이라도 가자고 이야기를 꺼내면 "우리 부모님은 여행 별로 안 좋아하셔. 아버지 성격 알잖아."라고 일축했다. 그래서 나는 지금껏 특별히 부모님과 여행하면서 쌓은 추억이 하나도 없다.

그런데 정작 아버지께서 폐암 말기 진단을 받으시고 나니 아버지와의 추억이 없다는 사실에 무척이나 후회스러웠다. 그래서 나는 가족여행을 계획하게 되었다.

병상에 계시는 아버지께 조심스레 여행 이야기를 꺼냈다. 여행 안 가도 괜찮다고 하실 줄 알았는데, 예상과 달리 흔쾌히 가자고 하셨다. 멀리 동해로 놀러 가 푸른 바다도 보여 드리고 아버지가 좋아하시는 회도 사 드리며 함께 좋은 시간을 보내기로 했다. 그때만 해도 아버지는 거동하는 데 불편함이 없으셨다.

하지만 설레는 마음으로 여행을 준비하던 것도 잠시, 시간이 지날수록 아버지의 거동이 힘들어지셨다. 우리는 가까운 가평으로 여행지를 변경했다. 짧은 시간이라도 좋으니 같이 갈 수만 있으면 좋겠다고 생각했다.

아버지는 가족여행에 대한 기대와 설레는 마음을 자식들 앞에서는 티 내지 않으셨지만, 병문안 오신 고모에게는 자랑하셨다고 한다. 또한 아내가 병상에 누워 계신 아버지에게 집에서 만든 스파게티 사진을 보여 드렸더니, 평소 같으면 입에 대지도 않을 음식이었음에도 불구하고 맛있어 보인다며 여행 가서 이것도 해 먹자고 하셨단다.

아버지는 병상에서 힘겨운 싸움을 하시면서도 가족과의 여행을 손꼽아 기다리시고 기대하셨다. 하지만 시간이 갈수록 아버지의 몸 상태는 급격히 안 좋아졌고, 결국 가족여행을 가기로 한 날 우리 곁을 떠나셨다.

평소 부모님이 건강하시고 한 살이라도 더 젊으실 때 여행도 같이 다니고 좋은 추억을 많이 쌓았어야 했다. 왜 나는 그렇게 하지 못했을까 하는 후회와 자책이 물밀듯 밀려왔다. 하지만 이제 와서 후회해 봐야 무엇 하겠는가? 이제 아버지와의 여행은 하고 싶어도 할 수 없다. 다시는 그런 후회를 하지 않기 위해 어머니와는 기회가 될 때마다 세계 곳곳을 여행하며 소중한 추억을 쌓고 싶은 마음이 간절하다.

시골 종갓집 큰아들로 태어나신 아버지는 전형적인 가장으로서 대쪽 같은 성격이셨다. 우리네 아버지들이 그러했듯 아버지 또한 가족의 생계를 책임지는 데 평생을 바치셨다. 어머니 또한 종갓집 맏며느리로 집안의 대소사를 챙기고 일도 하시며 가족들을 위해 헌신하셨다. 그리고 일을 마치고 돌아오시는 아버지를 극진히 대접하셨다. 당신은 많이 피곤하더라도 아버지 식사를 챙겨 드리고 정성껏 섬기셨다.

하지만 아버지는 워낙 무뚝뚝하셔서 평소 어머니에게 다정다감하게 굴거나 애정 표현을 하지 않으셨다. 어쩌다 어머니께서 아버지의 뜻과 다른 이야기를 하시면 화를 내거나 짜증을 내는 경우도 많았다. 그럴 때마다 상처받고 힘들어하시는 어머니를 보는 자식들의 마음도 편치 않았다.

어머니는 평일엔 일하시고 주말엔 교회에 다니시느라 나들이나 외식을 해 보신 적이 별로 없다. 어머니에게 오늘은 외식을 하자고 하거나 좋은 데로 나들이를 가자고 말씀드리면 늘 "집에서 먹으면 됐지, 굳이 뭘 밖에서 먹냐. 아들이나 좋은 데 많이 다녀라, 나는 그런 데 안 가도 괜찮으니…"라고 하신다.

어머니라고 왜 가끔은 외식도 하고, 나들이도 가고 싶지 않으시겠는가? 하지만 그마저도 사치라고 여기시며 나가면 자식들 돈 쓸 일밖에 없으니 안 가도 된다고 하시는 것이다. 나는 그 마음을 깊이 헤아리지 못했다. 겉으로는 싫다고 하셔도 모시고 나가서 어머니와 함께 좋은 추억을 많이 쌓았어야 했는데 지금껏 그렇게 하지 못한 것이 정말 아쉽고 후회된다.

이제 어머니를 행복하게 해 드리고 외로움을 채워 드리는 것은 우리 자식들의 몫이다. 아버지에게 잘하지 못했던 것까지 어머니에게 해 드리고 싶은 마음이 간절하다. 좋은 곳을 함께 여행하며 소중한 추억을 쌓고 싶다. 맛있는 것도 먹고, 함께 사진도 찍고, 멋진 경치도 보여 드리며 소소한 기쁨과 재미가 있는 여행을 시켜 드리고 싶다.

특히 교회를 다니시는 어머니를 위해 성지순례를 꼭 함께 가고 싶다. 어머니는 소녀처럼 감성이 풍부하셔서 계절이 변하며 꽃이 피고 낙엽이 지는 모습만 봐도 감탄하시는 분이다. 예수님이 탄생하신 베들레헴이나 모세에 의해 갈라졌던 홍해에 가면 얼마나 감동을 받으시겠는가? 소녀처럼 기뻐하실 모습을 생각만 해도 가슴이 설렌다.

그리고 내셔널지오그래픽이 선정한 '죽기 전에 꼭 가 봐야 할 여행지 50곳'에도 꼭 가 보고 싶다. 이탈리아의 에메랄드빛 아말피 해안도 구경하고, 중국 만리장성의 웅장함도 꼭 보여 드리고 싶다. 아이처럼 기뻐하시고 행복해하실 어머니를 생각하면 당장이라도 비행기 티켓을 끊고 싶은 심정이다.

부모님과 함께 여행 가려고 한 바로 그날에 아버지께서 돌아가시리라고 누가 상상이나 했겠는가? 효도에 '나중'은 없다. 부모님이 살아 계시는 바로 지금이 효도할 때고 잘 해드릴 때다. 부모님은 언제나 우리 곁에 계시지 않는다. 당장 내일 떠나실 수도 있고 심지어 오늘 떠나실 수도 있다.

오늘도 나는 아버지와의 여행을 준비하며 사 놓았던 아이스박스를 보며 '어머니가 돌아가시고 나서 결코 후회하는 일이 없도록 어머니께 해 드리고 싶은 것은 미루지 말고 지금 바로 해 드리자'라고 다짐한다. 그리고 이제는 함께할 수 없는 아버지에게 말씀드리고 싶다.

"아버지, 천국에서 잘 지내세요? 가슴이 사무치도록 많이 그립고 보고 싶어요. 존경하고 사랑해요, 아버지. 나중에 천국에서 뵐 때까지 안녕히 계세요."

02

세상에서 가장 아름다운
부모님의 발 씻겨 드리기

김용일

삼성 라이온즈 아나운서, 대학교수, 전문 강사, '드래곤엔터테인먼트', '웨딩엔' 대표, 이벤트 · 방송 MC
프로스포츠 응원단장에서 현재는 야구, 농구, 배구단의 장내 아나운서로서 대한민국 프로스포
츠 전문 MC이자 아나운서로 활동 중이다. 대학에서 레크리에이션과 스포츠마케팅을 가르치
고 기업과 관공서에서 특강 전문 강사로 활동하고 있다. 책 쓰기를 통한 성공학 코치와 동기
부여가를 꿈꾸며 최고의 메신저로서의 삶을 살고자 한다.
E-mail kyi8943@naver.com
Blog http://blog.naver.com/weddingnmc

"엄마 때문에 되는 게 없다."

"엄마! 빨리 안 하고 뭐 하는데!"

"엄마, 제발 참견하지 마라."

살아오면서 제일 많이 불러 본 이름, 바로 엄마다. 결혼한 지 7년
이 지났지만 여전히 엄마는 엄마다. 엄마는 욕심도 없이 참 착하
고 순진하게 살아오셨다. 남자라고는 아버지와 나밖에 모르시고
겁도 많으시다. 하루 일과라고는 아침에 성당에 갔다가 오후에는
산책하고 저녁에는 집안일을 하는 것뿐이다. 내가 쌍둥이 손자손

녀들을 데리고 놀러 갈 때면 엄마는 최고로 환하게 웃으신다. 지금으로선 자주 쌍둥이를 보여 드리는 게 최고의 효도인 것 같다.

아버지와는 지금도 어색하다. 30여 년을 같이 살아왔는데 아직도 어렵다. 대화도 자주 하지 않았다. 나도 결혼을 하고 자식이 생겨 아버지가 되어 보니 이제야 아버지가 애틋하다. 마음 같아서는 두 분을 모시고 함께 살고 싶지만 쉽지 않다.

두 분은 올해로 결혼한 지 40년이 되셨다. 외아들인 나에게 많은 사랑과 정성을 쏟으셨다. 아버지는 반평생 운전만 하셨다. 20대부터 버스기사를 시작으로 지금은 택시기사를 하신다. 아버지는 가끔 전화하셔서 "차 점검했나? 경찰 단속 심하니까 운전 살살 해라."라는 말만 하고 끊으신다. "애들은 잘 있나?", "아픈 데는 없나?", "밥은 잘 챙겨 먹나?", "항상 감사하면서 살아라."라고 말씀하고 싶으실 텐데 쑥스러우신지 이런 말은 엄마가 주로 하신다.

초등학교 때 수업을 마치고 집에 왔는데 느닷없이 형사들이 들이닥쳤다. 방에 계시던 아버지가 맨발로 창밖으로 달아났다. 형사들은 아버지가 꼭 경찰서로 와야 된다는 말을 남기고 돌아갔다. 도대체 우리 아버지가 무슨 죄를 지었기에…. 나는 너무 놀라서 며칠 동안 잠을 못 잤다. 형사가 찾아왔던 것보다 아버지가 뛰쳐나가는 모습이 더 충격이었다. 알고 보니 아버지는 사냥을 좋아하셔서 공기총을 소지하고 계셨는데 불법 무기류 신고만 하고 몇 달째 반납을 하지 않으신 것이었다. 어렸을 적 아버지에 대한 기억은 사냥 좋아하고, 낚시 좋아하며, 친구분들과 며칠씩 놀러 가시느라 집에 안 계셨던 기억밖에 없다. 술과 담배는 지금까지도 어느 누구에게 뒤지지 않을 만큼 많이 하신다. 아직까지도 당신이 좋아하시는 것에는 열정이 넘치시고 멋 부리는 데 있어서는 그야말로 최고다.

아버지는 베트남전쟁에 참여하셨다. 할머니 말씀으로는 집에는 한마디 상의 없이 자원입대해서 3년 동안 다녀오셨다고 한다. 그래서인지 술 한잔하실 때면 군대와 베트남에 대한 추억을 자주 말씀하신다. 난 해병대 특수수색대를 전역했고 복무기간 동안 스쿠버 자격증과 고무보트 조종면허 자격증을 취득했다. 이 소식을 들으신 아버지는 아들한테 지지 않으려고 큰돈 들여서 두 가지 자격증을 모두 취득하셨다. 참으로 대단하신 분이다.

나는 삼성라이온즈 야구단 응원단장을 10년 동안 했다. 하루는 점심시간을 이용해서 중요한 서류를 가지러 집에 들렀다가 내 응원복을 다림질하고 계신 아버지의 모습을 봤다. 어머니 말씀으로는 응원복 다림질은 항상 아버지가 하셨단다. 택시를 운전하시다가 점심시간이면 집에 오셔서 다림질을 하셨다고 한다. 또 한 번의 충격적인 사건이었다. 아버지는 어렸을 적 화로에 손가락을 다쳐 왼손 검지와 중지가 굽어져 있는 장애인이다. 그런 불편한 손으로 내 옷을 다려 주신 것이다. 아들과는 말 한마디조차 나누지 않던 무뚝뚝한 아버지셨는데…. 눈물이 많이 났다. 지금 이 순간, 아버지께 "사랑합니다!"라고 외치고 싶다.

어린 시절 나는 우리 집이 부자인 줄 알았다. 엄마는 내가 다니는 유치원 어머니회 회장을 하셨다. 세련되게 차려입으시고는 간식을 사 들고 매일 유치원에 오셨다. 초등학교 때도 어머니회 회장을 하셨다. 보험회사에 다니셨던 기억도 난다. 성당에서도 간부 역할을 많이 맡으셨다. 외부적으로 활동을 많이 하셨다.

나는 중학생 때 춤에 미쳐 있었다. 엄마는 그런 아들을 위해 '가요 프로그램'을 모두 녹화해 같이 보면서 대화 상대가 되어 주셨다. 또한 야구를 좋아하는 나를 위해 동네 공터에서 함께 공놀이도 해 주셨다. 밤에 우연히 화장실에 가다 본, 팔에 파스를 붙이고 있던 엄마의 모습이 지금도 아련하다.

군대에 가던 날, 태어나서 처음으로 엄마가 펑펑 우는 모습을 보았다. 내가 마음 아파할까 봐 집 밖으로 배웅 나오지 않고 잘 다녀오라는 인사도 없이 방에서 혼자 우셨다. 나는 엄마의 그런 마음도 몰라 준 채, 군대에 적응하기 위해 휴가를 반납한 적도 있었다. 엄마는 프로야구 소식, 가요계 소식 등 신문을 스크랩해서 편지와 함께 부대로 보내 주셨다. 아들을 위해 지극정성이셨다.

내가 결혼한 지 얼마 되지 않아 엄마는 유방암 수술을 하셨다. 나는 내시경 검사를 받고자 의사인 작은아버지께 전화했다가 엄마의 유방암 진단 소식을 전해 듣게 되었다. 전화를 끊자마자 눈물이 쉴 새 없이 흘러내렸다. 한참을 울고 나서 아내와 함께 본가에 들렀다. 엄마는 웃으시면서 "수술 날짜 잡았다. 너희들 신경 쓸까 봐 얘기 안 했다."라고 태연하게 말씀하셨다. 이때 엄마에게 화를 많이 냈던 기억이 난다.

엄마는 수술 후 항암치료를 세 달 동안 여덟 번 받으셨다. 그 힘들다는 항암치료를 남편이나 아들의 도움 없이 혼자 치러 내셨다. 첫 항암치료 때는 별로 힘들어하지 않으셨는데 보름쯤 지나자 입술이 다 부르트고 입 안이 다 뒤집혀서 아무것도 못 드셨다. 나는 바쁘다는 핑계로 그런 엄마를 한 번도 찾아가지 않았다. 할머니께서 전화하셔서 "야, 이놈아! 너희 엄마 다 죽어 간다. 자주 찾아뵙고 놀아 드려라!"라고 혼내고 나서야 찾아갔다.

문을 여는 순간 깜짝 놀랐다. 엄마가 바닥에서 데굴데굴 구르고 있었다. 달려가서 일으키니 "엄마 지금 죽고 싶다. 너무 힘들다. 못 견디겠다."라며 우셨다. 가슴이 미어졌다. 엄마를 안고 몇 시간을 하염없이 울고 또 울었다. 한참 후, 고통이 좀 가셨는지 웃으시면서 "밥은 먹고 다니나. 항암치료 좀 힘드네. 이제 한 번 남았다."라고 말씀하셨다. 그리고 바쁜데 신경 쓰지 말고 빨리 가라고만 재촉하셨다. 그동안 얼마나 힘드셨어요, 엄마! 불효자식을 용서하지 마세요.

여태까지 부모님과 한 번도 가족여행을 간 적도 없고, 기억에 남는 선물을 해 드린 적도 없다. 그래서 부모님이 살아 계신 동안 꼭 해 드리고 싶은 게 있다.

먼저, 아버지와 엄마의 발을 씻겨 드리고 싶다. 가족을 위해 평생을 바친 두 분의 세상에서 가장 아름다운 발을 내 손으로 직접 씻겨 드리고 싶다. 또 한 가지는 두 분만을 위한 사랑여행을 보내 드리고 싶다. 그리고 이 말을 꼭 전하고 싶다.

"아버지, 엄마! 낳아 주시고 키워 주시고 길러 주셔서 감사합니다. 사랑합니다. 오래오래 제 곁에 머물러 주세요."

03

좋은 차로 부모님 모시고
전국 여행 다니기

김종율

공공기관 종사자, 행복드림 코치, 동기부여가, 자기계발 작가
공기업 20년 차 직장인으로 6시그마, ISO 품질심사원 등 사내 혁신리더로 활동하고 있다. 꿈이 없는 직장인들에게 힘과 용기를 불어넣어, 행복한 직장생활을 하도록 해 주는 동기부여가를 꿈꾼다. 평소 신의 직장은 없다는 주장을 펼치며, 공공기관 종사자들의 애환을 담은 개인저서를 집필 중이다.
E-mail belllaw@naver.com

2016년 추석 명절을 앞두고 우리나라에 강력한 지진이 발생했다. 여진이 계속해서 발생함에 따라 연휴 동안 비상근무 명령이 떨어졌다. 보통 추석 명절 연휴에는 고추, 고구마 수확 등 농사일을 조금씩 거들고 올라오곤 했는데 이번 명절에는 부모님 댁에서 단 하루밖에 보내지 못했다. 자식들을 위해 맛있는 요리를 준비하며 기다리신 부모님의 기대에 부응하지 못해 죄송할 따름이다.

연휴가 끝나갈 즈음 부모님께서 고구마를 보내 주셨다. 올 여름은 더운 날씨에 비가 거의 오지 않아 고구마 농사에 어려움이 많았다고 들었다. 그런데도 고구마를 정성스럽게 수확해 보내 주신 부모님을 생각하니 마음이 아팠다. 그냥 마트에서 사 먹으면 되는데 고생스럽게 매년 보내 주신다. 한번은 나도 부모님 몰래 내려가 고구마 수확을 한 적이 있다. 반나절 고구마 순을 걷어 내는 것만으로도 쓰러질 지경이었다. 이 어려운 일을 부모님은 자식 생각에 아무렇지 않게 해내신다. 자식이 무엇이기에 이토록 고생하시는지…. 나도 부모님처럼 내 자식을 위해 헌신할 수 있을지 의문이 든다.

나를 비롯해 요즘 세대의 부모들은 예전과는 다르다. 자녀들이 있어도 부부만의 시간을 보내고 친구들을 만나며 인생을 즐겁게 살아간다. 하지만 우리 부모님들은 당신들의 부모님을 모시느라 고생만 하다가 자식들로부터는 외면당하는 삶을 살아간다.

아이들이 한참 커 가면서 시골에 계신 부모님을 자주 찾아뵙지 못하고 있다. 바쁘다는 핑계로 전화도 잘 못 한다. 나도 자식을 키우며 내리사랑이라는 말을 실감하지만 그래도 부모님을 동경하는 마음은 어쩔 수 없다. 나는 어머니의 사랑을 주제로 한 드라마나 영화를 볼 때면 눈물을 흘리곤 한다. 사랑만 받고 평소 부모님에게 해 드린 것이 없는 미안함의 작은 표현일 것이다.

아버지는 월남전이 한창일 때 군에 입대하셨다. 장손인 아버지가 혹시라도 월남에 파병될까 봐 집에서는 군 입대 전에 서둘러 혼사를 치렀다. 아버지가 군에 입대하신 뒤에 내가 태어났다.

어머니는 농사일이 많아 면회도 제대로 다녀오시지 못했다. 어머니는 장손이신 아버지와 결혼해 맏며느리 노릇 하며 우리 3남매까지 키우느라 고생이 많으셨다. 뿐만 아니라 삼촌과 고모들까지도 돌봐야 했다. 시어머니의 시집살이도 만만치 않았다. 나는 어릴 때 어머니가 하루라도 쉬거나 낮잠을 주무시는 모습을 본 적이 없다. 이른 새벽부터 밤까지 논밭에서 일을 하시거나 부엌에서 밥을 하시던 모습만 기억에 남아 있다. 그런 세월을 사시느라 손마디는 굵어지고 발바닥과 발등은 갈라졌다.

어머니는 동네에서 제일가는 미모의 소유자셨다. 초등학교 때 학부모 참관 수업이 있는 날이면 제일 젊고 예쁜 어머니의 모습에 괜스레 우쭐해지곤 했다. 하지만 일을 너무 많이 하셔서 얼굴은 타고 손발은 터서 이제는 예전의 미모를 찾아보기 힘들다. 지금도 펜션 관리에 농사일까지 엄청난 노동 강도를 자랑하신다.

어머니는 무릎이며 손목이며 안 아픈 곳이 없으시다. 몇 해 전에는 양쪽 무릎을 수술하셨다. 젊은 시절 땅이 많은 집안으로 시집오신 덕이다. 요즘은 농기계를 써 농사일을 하지만 옛날에는 전부 사람이 직접 했다. 거기에다 힘들다는 과수원 농사까지 하셨다. 과수원 일은 전지작업, 봉지 씌우기, 농약 주기, 과일 수확하기 등 엄청난 노동 강도를 요구한다. 또한 지역에서 하나뿐인 정미소까지 운영하셨다. 당시에는 부농이라는 소리를 들었다. 그러나 나에게는 어머니의 노동을 강요했던 것으로 받아들여져 별로 듣기 좋은 말은 아니었다.

어머니는 멀미를 많이 하신다. 그래서 집을 떠난 적이 거의 없다. 소형차를 타면 더욱 증세가 심해진다. 그래서 나에게 항상 큰 차를 타라고 하신다. 작은 차를 타려고 하면 "돈이 없니? 엄마가 보태 줄까?"라고 하신다. 그래서 난 첫 차만 빼고 SUV 승용차를 타고 다녔다. 사실 SUV 승용차는 무게중심이 낮은 일반 승용차보다 쏠림 현상 등이 커 멀미를 더 유발한다. 그래서인지 운전을 꽤 잘하는 편임에도 불구하고 내 차에는 잘 타지 않으신다.

아버지는 몸이 좋지 않으셔서 농사일은 못 하신다. 그래서 젊은 시절부터 택시 운전을 하셨다. 아버지는 손재주가 많았다. 새마을운동 사업의 일환으로 분뇨를 저장하고 거기에서 가스를 얻어 내기도 하셨다. 화력은 약했지만 그것으로 가스 불까지 점화시키는 것을 보았다. 어릴 적 내 눈에는 아버지가 어느 발명가 못지않아 보였다.

아버지는 열정으로 똘똘 뭉치신 분이다. 대전 MBC 다큐멘터리 프로그램에 소개되실 만큼 지역사회에서 많은 일을 하고 계신다. 살고 계신 섬 마을에 관광객이 방문하면 택시 영업은 뒤로 밀어 두고 관광버스에 올라타 직접 섬을 홍보하기도 한다. 1년에 한 번 있는, 향교에 제를 올리는 날에는 대표로 제문을 읽으신다. 그리고 한여름 뜨거운 도로 위에서 교통정리도 하신다. 하루도 빠짐

없이 매일 새벽 4시에 일어나 논밭을 둘러보신다. 그야말로 온종일 일만 하신다. 이제는 좀 쉬셔도 되는데 잠시라도 가만 앉아 있질 못하신다. 그 유전자가 나에게 그대로 전해진 것 같다. 내가 아침에 일찍 일어나는 새벽형 인간이 된 것은 아버지 덕인 것 같다.

몇 년 전 막냇동생이 유행성 출혈열이란 병으로 조카 셋을 남겨 두고 저세상으로 먼저 떠났다. 아버지는 상심이 크셨는지 머리카락이 하얗게 변했다. 어머니는 자식 잃은 서러움으로 부정적인 말과 걱정이 부쩍 많아지셨다. 자식을 먼저 보낸다는 것이 어떤 마음일지 나는 모른다. 그 어떤 고통보다 클 것임을 짐작할 뿐이다.

나는 부모님을 시골에서 모시고 나와 농지가 없는 곳에 전원주택을 지어 같이 살고 싶다. 막냇동생이 떠난 빈자리를 메워 주기 위해 동생 식구들과도 같이 살고 싶다. 부모님도 손주들 보는 재미로 행복한 생활을 하실 수 있을 것이다.

집은 계단이 없는 삼층집으로 지을 것이다. 무릎수술을 하신 어머니의 지속적인 재활치료를 위해 사계절 운동할 수 있도록 앞마당에 수영장을 조성할 것이다. 소일거리는 필요하실 테니 딱 2평의 텃밭을 조성할 것이다. 땅이 더 넓으면 일을 찾아 하실 것이 분명하기 때문이다.

그리고 승차감이 좋은 중형차를 사서 부모님과 여행을 할 것이다. 적합한 모델로 벤츠 S 500을 미리 봐 두었다. 5년 안에 부

모님과 함께 드라이브를 즐길 것이다. 전국의 맛집과 명소를 찾아
가는 등, 그동안 못 하셨던 것들을 누리게 해 드리고 싶다.

내가 일로부터 자유를 얻어야 부모님과 함께 여행을 할 수 있
을 것이라 생각한다. 그 시기를 좀 더 앞당기기 위해서는 경제적
자유를 얻는 시기를 앞당겨야 한다. 끊임없이 상상하고 실행하면
앞당겨질 것이라 믿는다.

어려운 시련이 닥칠 때마다 나는 부모님의 고구마를 생각할
것이다. 인생을 살아가면서도 부모님의 고구마를 생각하며 사회에
헌신하고 봉사할 것이다.

04

부모님과 함께
잊지 못할 멋진 추억 남기기

허동욱

〈한책협〉 코치, 동기부여가, 자기계발 작가, 독서습관 컨설턴트, 청춘 멘토

현재 〈한책협〉에서 마케팅 담당 코치로 활동하고 있다. 군대와 직장에서 남는 시간을 오로지 독서에 투자했고, 그렇게 읽은 100여 권의 책을 통해 동기부여 강사라는 꿈을 찾게 되었다. 많은 사람들이 독서를 통해 자신만의 특기(특별한 기쁨)를 찾을 수 있도록 도와주는 동기부여가를 목표로 하고 있다. 저서로는 《보물지도5》,《미래일기》가 있으며, 현재 바쁜 현대인을 위한 독서법에 관련된 개인저서를 집필 중이다.

E-mail princebooks@naver.com
Blog http://blog.naver.com/princebooks

어머니는 어린 시절부터 가난한 집안을 위해 일을 하셨다고 한다. 하루라도 빨리 가난에서 벗어나고 싶은 마음과 첫째라는 책임감 그리고 가족들을 먹여 살려야겠다는 일념으로 일찍 사회생활을 시작하신 것이다. 어머니는 주방용품을 만드는 공장에 들어가 냄비 뚜껑 하나를 조립할 때마다 몇 십 원씩 수당을 받는 일을 하셨다.

고등학교를 졸업한 뒤에는 나의 큰아버지가 운영하시던 주방용품 가게에 들어가 경리업무를 담당하셨다. 거기서 아버지를 만나 결혼하게 되었다. 그리하여 지금의 내 나이인 스물세 살에 형

을 낳으셨다. 어머니는 형과 나를 임신한 상태에서도 일을 하실 정도로 굉장히 부지런하셨다. 나중에는 큰아버지 주방용품 가게를 떠나 그 가게에서 창고로 쓰던 땅을 매입해 2층짜리 건물을 짓고 아버지와 함께 주방용품 가게를 열어 운영하셨다.

언젠가 나는 어린 마음에 어머니에게 왜 그렇게 남들보다 열심히 살았느냐고 여쭤 보았다. 어머니는 "두 번 다시 가난을 겪고 싶지 않아서."라고 대답하셨다. 그때는 아무것도 몰랐지만, 지금 돌이켜 생각해 보면 '어머니가 얼마나 고생을 하셨을까' 하는 마음에 나도 모르게 가슴이 뭉클해진다.

부모님께서 자영업을 하셨기 때문에 어린 시절 나는 혼자서 보내는 시간이 많았다. 그리고 고등학교 1학년 때까지 외할머니의 보살핌을 받으며 부모님과 따로 떨어져서 지냈다. 초등학생 때는 사립초등학교를 다녀서 친구들이 다들 잘사는 동네에 살았기 때문에 하교를 하고 나면 같이 놀기가 쉽지 않았다. 그래서 친구들과 나가서 뛰어놀기보다는 혼자 집에서 그림책을 읽거나 그림을 그리거나 블록을 가지고 놀면서 외로움을 달래곤 했다.

보통 엄마들은 아이가 아무것도 안 하고 놀고 있으면 "공부를 해야지, 언제까지 놀기만 할 거야?"라고 말한다. 하지만 내 어머니는 당신이 어린 시절에 가난 때문에 하고 싶은 것이 있어도 포기하고 희생하셔서 그런지 자식들만큼은 하고 싶은 것을 할 수 있도록 물심양면으로 도와주셨다.

나는 혼자 있는 시간에 자유롭게 그림책을 보거나 만화 속 주인공을 상상하며 마음대로 그림을 그리고 블록으로 만들고 싶은 것들을 표현하며 보냈다. 그런 자유로웠던 시간 덕분일까? 나는 손으로 하는 것이라면 무엇이든지 자신 있었다. 학교에서 사생대회나 과학의 날 행사를 할 때면 그림 그리기 분야나 만들기 분야에서는 매번 수상했다.

어느 날 어머니께 왜 나를 동네 친구들처럼 일반 초등학교에 보내지 않고 사립초등학교에 보냈느냐고 물어본 적이 있다. 그러자 어머니께서는 우리 아들만큼은 더 좋은 환경에서 더 많은 경험을 할 수 있도록 해 주고 싶었다고 말씀하셨다.

만약 어머니께서 다른 친구들과 똑같이 학원을 다니라고 강요했더라면 아마 나는 남들과 똑같은 생각을 가지고 평범하게 살아가고 있을 것이다. 어머니는 자유로운 교육방식으로 나에게 남들과 다르게 생각하고 행동하며 살아갈 수 있는 기틀을 마련해 주셨다.

나는 부모님과 따로 떨어져 외할머니 집에서 살았기 때문에 가끔 다른 친구들 집에서 놀 때 친구들의 부모님들이 친구들을 챙겨 주는 모습이 그렇게 부러울 수가 없었다. 나는 어린 마음에 우리 집이 아닌 외할머니 집이라 친구들을 초대하기가 부끄럽고 창피했다. 그래서 부모님과 함께 같이 살고 싶은 마음에 어머니에게 "우리 7층 집을 지어서 살자."라는 말을 자주 했었다.

'말이 씨가 된다'라는 속담처럼 고등학교 2학년 무렵, 어머니께서는 운영하시던 2층 가게를 매도하려다가 집을 짓자고 한 내 말이 생각나 건물을 짓기로 마음먹었다고 한다. 그리고 엄청난 노력과 실행력으로 5층 건물을 지으셨다. 그리고 현재 1층에서 가게를 운영하면서 5층에서 가족이 다 함께 생활하고 있다.

가족이 다 함께 모여 있으면 앨범을 자주 보곤 한다. 앨범에는 가족들과 함께한 추억이 담긴 사진들이 가득하다. 앨범을 보면서 과거의 모습들을 생생하게 떠올리며 그야말로 웃음꽃을 피운다. 그런데 어느 순간 보니 어린 시절 사진만 있지 요새 들어 찍은 가족사진이 없어서 짠한 마음이 들었다. 과거의 모습만 보고 행복해하는 지금의 모습에 마음 한구석이 편치 않았다.

시간이 흘러 나는 군대를 가게 되었다. 그리고 군 생활을 하면서 부모님이 얼마나 나를 아끼고 사랑해 주셨는지 깨닫게 되었다. 군대를 가기 전까지 초등학교, 중학교, 고등학교, 취업까지 쉴 틈이 없이 오직 내가 이루고자 하는 목표를 향해 앞만 보고 달려왔을 뿐 주변을 돌아본 적이 없었다. 그래서 옛날처럼 제대로 된 가족사진도 찍지 못했다. 항상 잘된 일이 있으면 언제나 나 혼자서 잘했다고 생각했다. 하지만 그렇지 않았다.

항상 옆에서 어느 누구보다 나를 지지해 주고 응원해 주셨던 부모님이 안 계셨으면 절대 이루지 못할 일들이었다. 부모님께서는 언제나 아무 말 없이 자기 자신보다 가족을 위해 노력하고 희생하셨다. 그동안 나는 부모님이 주시는 사랑을 너무 당연하게 생각했다는 사실을 반성하고 또 반성했다.

우리는 모두 언젠가 죽음을 맞이한다. 하루라는 시간들을 쌓아 미래를 만들어 가듯이 부모님과 함께 보내는 지금이라는 시간들에 멋진 추억들을 차곡차곡 쌓으며 아름다운 하루하루를 만들어 드리고자 한다. 나는 부모님과 함께 잊지 못할 아름다운 추억들을 쌓기 위해 다음 네 가지를 반드시 실천할 것이다.

첫째, 죽어서도 '나는 정말 부모님에게 제대로 효도했구나'라고 당당하게 말할 정도로 지금 이 순간 최선을 다해 나를 아껴 주시고 사랑해 주신 만큼 보답해 드리기

둘째, 거창하게 멋진 추억이 아니라도 하루하루 평범한 일상 속에서 매일 이벤트처럼 부모님을 더 배려하고 사랑한다고 표현하기

셋째, 시간이 흘러 후회하기 전에 그동안 쑥스럽다고 미루고 미뤘던 사랑하는 마음을 표현하고 자주 여행을 다니며 추억을 사진으로 남기기

넷째, 책 쓰는 동기부여 강사로서 학생, 직장인들을 대상으로 전국을 누비는 강연을 다닐 때 멋진 드림카에 부모님 모시고 다니기

그러기 위해서 오늘도 끊임없이 〈한책협〉의 코치로 활동하며 역량을 키우고 있다. 아버지, 어머니와 함께 전국을 누비며 다닐 날도 얼마 남지 않았다.

오늘도 오직 가족과 자식을 위해 자기 자신을 희생하시는 부모님께 감사하고 또 감사한다. 이제는 내가 부모님의 남은 인생을 즐겁고 행복한 시간들로 채워 드릴 차례다.

아버지, 어머니! 건강하게 키워 주셔서 감사합니다. 사랑합니다!

05

엄마의 삶이 담긴
포토에세이 엮어 드리기

박성혜

'맘스리치연구소' 대표, 부자엄마 만들기 멘토, 소액부동산투자 전문가, 주거복지상담 전문가
'당당한 엄마가 당당한 아이를 만든다'를 모토로, '행복한 부자 엄마 만들기' 코칭 및 컨설팅
을 진행하고 있다. 결혼, 출산, 육아, 전세난을 거치며 경제적 어려움을 겪고 있는 이 시대의
모든 3040 엄마들의 '부자 멘토'로 활발히 활동하고 있다. 현재 부동산 공부를 처음 시작하는
엄마들을 위한 실전지침서를 집필 중이다.
E-mail mamsrich@naver.com
Blog http://blog.naver.com/mamsrich

"엄마, 엄마 일루 와 봐."

"엄마 어딨어?"

세 살 난 딸아이는 한창 말을 배우고 있다. 몸도 마음도 하루
가 다르게 자라고 있다. 나는 딸아이가 혼자서 장난감을 쌓아 놓
고 엉덩이를 흔들며 즐거워하는 순간이나 아빠에게 다가가 볼에
살짝 뽀뽀를 하는 순간 등 소중한 장면을 놓칠세라 연신 카메라
를 들이민다. 아이의 모습이 담긴 사진과 영상을 보면 새삼 아이
가 자라는 속도에 놀라곤 한다. 아이 배꼽이 떨어진 날, 옹알이를

시작한 날, 첫 걸음을 뗀 날, 엄마라고 말한 날… 아이의 일상과 성장을 육아일기로 남긴다. 결혼 8년 만에 얻은 귀한 내 아이는 그렇게 기록되고 있다.

내가 자랄 때 우리 집에는 카메라가 없었다. 그래서인지 나의 어린 시절 사진은 손에 꼽을 정도로 적다. 초등학교 때 소풍 가서 사진을 찍은 이후 스무 살 무렵의 숙녀가 된 모습으로 세월을 공허하게 점프했다. 가끔 어릴 적 모습이 궁금하기도 하다. 하지만 그저 나를 닮은 딸아이의 모습에 비춰 볼 뿐이다.

어릴 적 우리 집은 서울 근교에 있는 비닐하우스였다. 비닐을 단출하게 얹어 놓은 허술한 집에서 여름에는 찜통더위, 겨울에는 살을 에는 듯한 추위와 싸웠다. 방바닥의 흙 사이로 지렁이가 드문드문 보였고 천장으로는 쥐가 쉴 새 없이 지나다녔다. 재래식 화장실은 여름에 살충제가 없으면 사용할 수 없었다. 초등학생이 감당하기에는 어려운 환경이었다. 그렇게 우리 식구는 비닐집에서 죽어라 일하고 죽어라 살아 냈다.

어느 날 나타난 포클레인과 건장한 인력들 그리고 경찰들…. 우리 가족의 보금자리는 대집행 절차에 따라 철거되었다. 그릇 하나 건지지 못하고 초라한 세간살이는 모두 부서졌다. 마을 사람 중 누구는 두드려 맞고 누구는 통곡했다. 여름밤, 우리 가족은 커다란 비닐을 몸에 칭칭 감고 울음을 삼켰다. 누가 우리의 가난까지 송두리째 훔쳐 간 것일까. 부서지고 다시 짓고 부서지고 다시 짓는 과정을 반복하며 우리는 자라났다.

부모님은 한없이 고단하고 피곤한 몸을 이끌고 세 아이의 세 끼 밥을 굶기지 않는 것을 다행으로 여겼다. 수없이 실패하고 다시 일어나 하루하루를 살아갔다. 다른 친구들은 나라의 도움을 받아 우유도 먹고, 학비도 지원받았다. 그러나 우리 부모님은 그런 정보도 알지 못해 우리를 늘 교무실에 불려 가게 만들었다.

부모님은 성실했지만 가난뱅이였다. 나이를 먹으며 부모님에 대한 원망도 함께 자랐다. 우리 집은 왜 이렇게 가난할까. 무엇 때문에 이렇게 자식들을 고생시키는 것인가. 부모님께 "이럴 거면 왜 낳았어?"라는 철없는 원망도 늘어놓았다. 그렇게 미움은 켜켜이 쌓였고 마음의 거리는 좀처럼 좁혀지지 않았다. 그러는 사이 결혼을 하고 아이도 낳았다.

엄마가 되고 나니 더욱 엄마처럼 살고 싶지 않았다. 그래서 나는 부동산 공부를 시작했다. 직장에 다니며 시간을 쪼개 부동산을 공부하고 내 집을 마련했다. 다행히 운이 좋아서 투자하는 부동산마다 큰 수익을 가져다주었다. 부동산 투자 덕분에 삶의 많은 부분이 윤택해졌다.

삶에 여유가 생기니 그제야 부모님이 보이기 시작했다. 딸아이 사진을 찍다가 문득 엄마를 향한 시선은 없다는 것을 깨달았다.

아이를 위한 모든 일에는 정성을 다하지만 엄마를 위한 마음에는 인색했다는 것을 깨달았다. 눈물이 하염없이 흘렀다. 그리고 엄마의 사진을 찍기 시작했다. 엄마는 사진 찍는 것을 몹시 어색해하신다. 사진으로 보는 당신의 모습이 낯설어서일까. 예쁘게 찍히는 휴대전화 어플을 이용해 엄마를 찍었다. 카메라로 바라보니, 엄마가 생각보다 곱다.

어느 날 엄마가 외할머니 이야기를 하시며 눈시울을 붉히셨다. 외할머니는 세 아이를 낳고 갑자기 돌아가신 외할아버지 때문에 홀로 세 남매를 키우셨다. 농사를 지었고, 산을 타며 약초를 캐어 장에 내다 파셨다. 온갖 고생을 하시다가 지금 엄마의 나이 즈음 눈물만 남기고 돌아가셨다. 세 아이를 키우며 아이들 덕에 웃을 일, 행복했던 일이 얼마나 많았을 것인가. 그러나 외할머니의 박꽃 같았던 환한 기억은 땅속으로 사라졌다. 외할머니에 대한 기억은 나에게는 물론이거니와 엄마에게도 희미하게 그림자로만 남아 있다. 지금 엄마에게 남은 외할머니의 흔적은 몇 장의 사진뿐이다. 할머니의 꽃 같던 시절을 아는 사람은 아무도 없다.

"부지런히 기록하라. 쉬지 말고 적어라. 기억은 흐려지고 생각은 사라진다. 머리를 믿지 말고 손을 믿어라. 기록은 생각의 실마리다. 기록이 있어야 기억이 복원된다. 습관처럼 적고 본능으로 기록하라."

손을 이용해 기록을 남기는 것의 중요성을 강조한 다산 정약용의 말이다. 문득 엄마를 필사(筆寫)해야겠다는 생각이 들었다. 좋은 글을 펜으로 꾹꾹 눌러쓰는 필사는 마음이 복잡할 때, 이런 저런 문제로 힘들 때 마음을 정갈하게 할 수 있도록 도움을 준다. 필사는 곧 '삶의 성찰'이고 '나를 발견하는 과정'이라고 한 어느 작가의 말처럼 손으로 기록하는 행위에는 마음을 치유하는 능력이 있다.

엄마의 기쁨과 눈물을 마음에 담아 두는 것도 좋지만 엄마의 모습, 엄마의 말, 엄마의 생각을 생생하게 기록으로 남겨 보고 싶다. 사진도 함께 찍고 엄마가 자주 하시는 말도 기록해 놓을 것이다. 거창한 칠순잔치의 모습보다는 일상에서 펼쳐지는 자연스러운 엄마의 모습을 담고 싶다.

엄마와 여행을 하고 한집에 살며, 함께 밥을 먹고 손을 잡고 걷고 가끔은 다투기도 할 것이다. 찰나의 순간을 놓치지 않고 담아낸 '포토에세이'를 엄마에게 선물하고 싶다. 그것은 엄마와 내 사이를 더욱 단단하게 하는 치유의 과정이 될 것이다.

밤늦게 집에 돌아와 쉬지 못하고 밀린 집안일을 했던 엄마, 새벽같이 일어나 도시락을 5개씩 쌌던 엄마, 손마디가 굵어 반지 한 번 못 껴 본 엄마…. 심순덕 시인의 시 〈엄마는 그래도 되는 줄 알았습니다〉에서처럼 엄마는 그러면 안 되는 것이었다. 엄마는 그래도 되는 줄 알고 살았던 나는 부모가 되고 나서야 그때의 나를 반성하게 되었다.

부모님에게 꼭 해 드리고 싶은 한 가지는 '나중'에 거창한 선물을 드리는 것이 아니라 '지금' 할 수 있는 일을 함께 하는 것이다. 지금 이 순간, 부모님과 찬란한 추억을 만들고 기록하며 마음에 담겠다. 《이경란 여사의 포토에세이》라… 생각만으로도 행복한 일이다.

고단했던 엄마의 삶에, 성공한 막내딸은 커다란 위로와 기쁨이 되고 있다. 나 또한 과거의 힘들었던 시절이 살아가는 데 더욱 큰 힘이 되고 있다. 결핍 속에서 만들어 낸 지금의 풍요가 더없이 감사하다. 이제 가족과 함께 축제를 즐기는 일만 남았다.

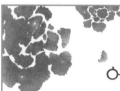

06
어머니께 내 이름으로 된
책 읽어 드리기

어성호

글쓰기 코치, 자기계발 작가, 강연가, 동기부여가, 의식성장 메신저
수차례의 논문현상공모, 영어웅변대회, 문학상 수상 경력이 있다. '꿈'과 '희망'을 불어넣는 동기부여가이자 의식성장 메신저로 '가슴 뛰는 삶'을 전파하고 있다. 올해 3권의 공저를 출간하는 저자로 발돋움했다. 현재 그간의 경험을 토대로 인생 2막을 준비하며 '글쓰기'에 관한 개인 저서를 집필 중이다.
E-mail uhsh@naver.com
C·P 010-9003-1957
Kakaotalk ID jumpstarter21

나에게는 생각하면 눈물부터 나는 사람이 있다. 바로 우리 어머니다. 올해로 아버지가 돌아가신 지 열여덟 해, 어머니는 참으로 오랜 시간을 홀로 보내셨다. 매일이다시피 안부 전화를 드리지만 세 아들이 아버지 한 분을 대신하지는 못한다.

나는 남들 취직할 때 공부를 더 한다고 사회생활이 늦었다. 회사생활 하고 첫 월급도 못 드렸는데 아버지가 돌아가셨다. 그해, 나는 상복을 두 번 입었다. 봄에는 할아버지가, 가을에는 아버지가 세상을 떠났다. 아버지는 할아버지께 자식 된 도리를 다하고 가셨다지만 내겐 그럴 기회조차 주어지지 않았다. 아버지는 내가 야속했겠지만 나는 억울했다.

어린 시절 행복했던 기억은 짧다. 초등학교 5학년 겨울 무렵부터 집안이 힘들어졌다. 이러지도 저러지도 못하던 아버지보다 어머니가 먼저 식구들 먹여 살릴 길을 찾아 나섰다. 그때 어머니의 나이는 서른여덟이었다. 앞 못 보는 시어른에 시동생 여섯 그리고 우리 다섯 식구까지 책임졌어야 했으니 얼마나 힘드셨을까.

어머니는 스물여섯 살에 시집와 '재미'라는 것은 느낄 짬도 없었다. 멸치나 미역을 팔기 위해 머리에 이고 낯선 집에 들어서다 개에게 물리고, 과일을 팔다 비를 맞아 죄다 버리게 된 일도 있었다. 칼바람 부는 겨울에도 손가락에 피 나는 줄도 모르고 칼국수를 썰어야 했으며, 어쩌다 단속반이 뜨면 장사하던 물건은 몽땅 빼앗기기 일쑤고 번번이 벌금까지 물어야 했다. 그렇게 노점상으로 보낸 세월이 25년이다.

"너들 외할머니가 좀만 더 오래 살았어도 내 이 집에 시집 안 왔을 기다."

어머니가 아홉 살일 때 전쟁이 터지는 바람에 남동생을 등에 업고 피난을 갔다고 한다. 그래서인지 어머니는 지금도 큰 소리가 나는 것을 가장 무서워하신다.

"와 옛날에는 여자라고 글도 안 가르쳤겠노. 우리 아부지지만 마이 미버."

도망갈 수도 비껴갈 수도 없는 것을 운명이라 부르던가. 운명치고 너무나도 고약하고 심술궂다. 그럼에도 불구하고 참 장한 모습을 곧잘 보이신다. 장사하는 내내 셈 한 번 틀린 적이 없다. 글도 모르시면서 처음 가는 길도 물어물어 잘 찾아가신다.

어머니의 진짜 속마음은 지금도 알 수 없다. 그래도 더러 기뻐하시던 순간도 있었다. 언젠가 어느 라디오 프로그램에 글을 써 보내 선물로 받은 화장품을 드린 적이 있다. 내가 드린 선물을 받으시며 행복해하시던 모습이 떠오른다. 또한 MBC '자랑스러운 나의 어머니' 수기 공모에 당선되어 방송 출연을 시켜 드린 적도 있다. 부상으로 받은 세탁기를 마당에 들여놓으니 "인자 겨울에 맨손으로 빨래 안 해도 되겠다."라며 기뻐하셨다. 그런 어머니의 모습을 보며 앞으로 더 기쁘게 해 드리고 싶다는 생각이 들었다.

"모르는 게 있으마 팔십 할부지라도 손주한테 수염 뜯겨 가며 배운다."

"배고파 참는 건 잠시지만 못 배운 한은 평생 간다."

"사람 산다는 기 아침에 눈 떴다 저녁에 잠자는 기랑 매한가지다."

내가 공부하다 힘들어하면 어머니는 이런 말들을 해 주셨다. 글도 안 배우셨는데 어찌 이런 멋있는 말을 쏟아 내시는지. 어머니 말씀은 한 줄 철학이다. 내 글쓰기는 어머니에게 배운 것이다. 어머니에게 들은 대로 옮기면 글이 되고 시가 된다.

20년 월급쟁이 생활 중 14년간을 한 직장만 다니다 그만두게 되었다. 참으로 갑갑하고 막막했다. 많은 회한들이 일었다 가고 생겼다 사그라졌다. 무엇보다 어머니께 면목이 서질 않았다. 고의는 아니었지만 덮어놓고 죄스러웠다.

"어무이 살아 계실 때 제가 꼭 해 드리고 싶은 게 하나 있심더."
"뭔데?"
"어릴 때부터 생각한 건데 여태 못 해 드렸습니다."
"아, 그래, 뭔데?"

여기부터는 나도 컥 목이 멘다. 서포 김만중은 유배지에서 홀로 계신 모친을 위로하기 위해 《구운몽》을 지었다. 학교에서 처음 배우게 되었을 때 '나도 언젠가는 꼭 어머니를 위해 글을 써 읽어 드려야지'라고 맘먹었다.

"제 이름 석 자 찍힌 책을 내서 곁에서 두런두런 읽어 드릴라

구요."

"마이 기다리야 될랑가?"

"은제예. 쪼매만 더 기다려 보이소."

"그라믄 기다릴게. 우리 아들이 쓴 책 들을란다. 내는 인자 원도 한도 없다. 타고나기를 못 배웠다. 먼저 갔어도 너들 아부지한테 사랑 많이 받았다. 글 모른다고 날 무시한 적은 한 번도 없었다. 아프다 하면 자는 몰래 항상 약 발라 줬다. 고생한다고 수시로 다리 주물러 줬다. 그만하면 됐다. 너 아부지도 고생 많이 했다면 했다. 가만히 앉아 있질 못하는 천성을 타고났으니 소처럼 일만 하다 인자 갈 날만 기다린다, 나는. 너희들 셋 그래도 이만큼 키웠다. 남들처럼 못 해 입히고 맛있는 것 못 먹여 줘서 그게 참말로 미안타. 많이 걸린다. 허구한 날 팔다 남은 국수로 저녁 먹게 해서 많이 미안하데이."

지나고 보면 그 시절이 그렇게 긴 시간도 아닌데… 시간이 속절없을 따름이다. 그러나 슬퍼하기엔 이르다. 아버지는 안 계시지만 아직 어머니가 계신다. 사람이 한 번 오면 가는 거야 정한 이치이니, 떠날 때 뒤돌아보게 하면 안 된다. 미련도 걱정도 없어야 훌훌 홀가분하게 가실 수 있다. 그래야 하늘에서라도 두 분 만나시면 운우지정을 나누시리라. 아버지 품에서 얼마나 할 말이 많으시겠는가. 모진 세월 겪으며 풀어내고 싶은 사연이 얼마나 크겠는가.

영화 〈더 리더: 책 읽어 주는 남자〉를 보고 가슴이 먹먹해졌다. 자신이 할 수 있는 것을 보여 주는 것은 쉽다. 그러나 누군가가 무엇을 할 수 없는 것을 알았을 때 그것을 감싸고 지켜 주는 것에는 큰 용기가 필요하다. 책 읽어 주는 아들. 이 약속만큼은 꼭 지킬 것이다. 조금만 기다려 주세요, 어머니.

마지막으로 지금껏 한 번도 어머니에게 하지 못한 이 한마디를 해 드리고 싶다.

"어머니, 사랑합니다!"

07

부모님의 버킷리스트
이루어 드리기

전민경

'Sparta Evolution' 이사, 작가, 인재양성가, 이미지 컨설턴트, 취업 멘토, 동기부여가
음악을 전공하고 뉴욕대학교와 동대학원에서 Media Communication을 전공했다. 기업 인사
팀에서 일하고 있으며, 이미지 컨설턴트, 인재양성가로 활동 중이다. 또한 취업박람회 및 채용
설명회에서 활동하면서 많은 사람들에게 희망을 주고 그들의 꿈을 실현해 주는 데 앞장서고
있다. 현재 취업 관련 개인저서를 집필 중이다.
E-mail dreamseeker2018@naver.com
Blog http://blog.naver.com/dreamseeker2018

"아직 독립하지 못한 자식들에 손주까지 양육하면서 노후 준
비를 하지 못했어요."

얼마 전 SBS 스페셜 〈우리 집에 신(新) 캥거루가 산다〉에 출연
한 어느 고령의 아버지의 인터뷰 내용이다. '캥거루족'이란, 학교
졸업 후 자립할 나이가 되었지만, 부모에게 경제적으로 기대는 젊
은이들을 일컫는다. 석·박사 학위를 취득하기 위해 30대 중·후반
까지도 계속 부모의 경제적 지원을 받는 장년 캥거루족들도 있다.
부모들은 나이가 일흔에 가까워도, 정년퇴직을 했어도, 여전히 자

식들을 위해 힘든 사회의 전쟁터로 내몰리고 있다. 또한 자녀들의 경제적 독립이 늦어지자 자녀와 함께 거주하는 부모들도 많았다. 한평생 고단하게 살아온 그들에게 노후의 휴식은 온데간데없었다.

은퇴 후 삶의 경제적인 부분을 고민하는 많은 부모들을 보며 나 자신과 부모님에 대해 생각해 보았다. 지금 우리 부모님은 어떠실까? 나는 부모님께 고민을 안겨 준 딸이었는가? 괜히 석사 학위를 취득한답시고 경제적 부담을 안겨 드린 것은 아닌가? 내가 부모님께 해 드릴 수 있는 것은 무엇인가?

나는 진정으로 원하는 꿈을 이루어서 부모님이 아무 고민 없이 쓸 수 있는 목돈을 드리고 싶다. 이것은 부모님의 버킷리스트이기도 할 것이다. 나의 버킷리스트에 부모님의 버킷리스트를 추가한다.

1. 자식이 잘되기
2. 잘된 자식이 주는 용돈 자유롭게 사용하기

여느 부모들이 그렇듯이, 나의 부모님도 자식이 하는 일이 잘되고 행복해하면 그게 살아가는 낙이라고 하신다. 용돈을 드리거나 맛있는 것을 사 드릴 때보다 '내 딸의 회사일이 잘 풀렸다', '딸이 결혼해서 행복하게 산다' 등의 소식을 들으실 때면 표정이 말할 수 없을 정도로 환해지신다.

부모님은 항상 이렇게 말씀하시곤 했다.

"자식 잘되는 것 보는 게 소원이다. 이 나이에 내가 뭐를 더 바라겠냐."

나는 회사 기획팀과 인사팀을 겸직해 바쁘게 일하면서, 프리랜서 이미지 컨설턴트로서도 활동해 왔다. 많은 전시회와 면접을 진행했고, 취업박람회 등에서 컨설팅을 했으며, 취업준비생, 고등학생, 대학생 등 다양한 사람들을 만났다. 그리고 월급과 프리랜서 수입으로 나름 부동산 재테크도 했다. 물론 넘어질 때도, 큰 실패를 할 때도 있었다. 그러나 30대인 지금 또 다른 꿈을 이루기 위해 버킷리스트를 작성하고 꿈을 향해 나아가고 있다.

내 꿈은 사회생활 및 컨설팅을 하면서 겪은 수많은 경험들을 책으로 써서, 후배들과 학생들에게 도움이 되는 것이다. 새로 시작하거나 모르는 분야를 공부하는 것은 어렵다. 나는 그러한 사람들을 위해 책을 통해 경험을 공유하는 가치 있는 일을 하고 싶다. 더 큰 꿈을 위해 힘든 과정도 즐기면서 밟아 간다면 운은 따라오리라 믿는다. 그리고 그 운은 큰 도전이 되어 더 나은 경제적인 자유를 불러올 것이다.

꿈을 이루어서 부모님께 용돈을 풍족하게 드리겠다는 소원이 대단해 보이지 않을 수도 있다. 하지만 돈은 세상을 살아가며 겪는 문제 중 많은 비중을 차지한다. 돈 때문에 싸움도 일어나고, 좋은 일도 일어난다. 돈의 척도는 상대적이다. 어떤 사람에게 10만 원은 적은 돈이지만 어떤 사람에게는 큰돈일 수 있다. 100억 원대 자산가의 10만 원과 하루 벌어 하루 먹고사는 사람의 10만 원은 차이가 크다.

난 목표한 바를 이루고, 사회에 긍정적인 영향력을 끼치고 싶다. 그래서 부모님께 드리는 용돈의 상대적인 액수는 중요하지 않을 정도로 우뚝 서고 싶다. 이른바 '더 잘나가는 딸'이 드리는 용돈은 부모님에게는 최고의 선물일 것이다.

가끔 적은 용돈을 드릴 때마다 어머니는 마다하신다. 그럴 때마다 나도 모르게 죄송한 마음이 든다.

"얼마 안 되지만, 이걸로 맛있는 것 사 드시거나 갖고 싶은 것 사세요."

"나 주지 말고 너나 잘 살아라. 나중에 많이 벌면 그때 많이 줘."

아마도 딸이 더 잘 먹고 잘 사는 모습을 보기 원하셔서일 것이다. 아니면 딸이 버는 돈의 액수를 알고 있는데 그것을 쪼개서 드리는 게 불편하셨나 보다. '아, 내가 얼른 꿈을 이뤄 경제적인 자유를 누려야겠다. 그래서 부모님께서 자식에 대한 걱정 없이 쓰실 수 있는 용돈을 드려야겠다'라는 결론을 내렸다. 그러면 자식 잘되는 모습도 보시고 잘나가는 자식이 드리는 용돈도 편하게 받으실 수 있으니 이보다 더한 일석이조가 어디 있겠는가.

최근 많은 사건들로 인해 이러한 생각을 더 깊이 하게 되었다. 아버지께서 작년에 수술을 받으셨고, 어머니 또한 쓰러지셔서 몇 달 전에 큰 수술을 받으시고 아직까지 치료 중이시다. 병원에 입원하신 부모님 곁에 있어 보니, 머릿속에 많은 생각이 오갔다. 인생은 길지 않고 사람 일은 한 치 앞을 모른다는 생각이 들었다.

'부모님께서 편찮으시지만 모든 치료와 수술을 받을 수 있어서 다행이다. 부모님께 무엇을 해 드리면 좋을까? 내가 지금 걱정만 하며 부모님 곁에 붙어 있는 게 능사인가? 나중에 부모님이 연세가 더 드셔서 편찮으시거나 요양이 필요하실 때, 정말 좋은 시설에서 치료를 받게 해 드리고 싶다.'

돈으로 행복을 살 수는 없다. 하지만 절박한 상황에 빠졌을 때 그 상황을 해결할 수는 있다. 아플 때 치료를 해서 고통을 줄일 수도 있고 비싸더라도 효능 좋은 약을 먹을 수도 있다. 또한 치료 전문가의 도움을 받을 수도 있다. 아무 걱정 없이 편하게 치료를 받으려면 경제적인 부분이 뒷받침되어야 한다는 것을 느꼈다.

또한 부모님께 좋은 것을 해 드릴 수 있는 시간이 길지 않다는 것을 느꼈다. 부모님께서는 병원에 계실 때 내가 곁에 많은 시간 붙어 있는 것을 기뻐하시지 않으셨다. 특히 어머니는 "인생은 짧고 시간은 값지다. 젊은데 꿈도 없는 사람들, 놀기만 하는 사람들은 나중에 분명 후회한다. 젊을 때 목표를 세우고 이루어야 노후가 편하다."라고 말씀하셨다. 어머니의 말씀은 알고는 있었지만 행동에 옮기지 못했던 일을 행할 수 있는 계기가 되었다.

나는 꿈을 이루고 얻은 부로 부모님께 목돈을 드리고 싶다. 부모님께서 하고 싶어 하시는 모든 것, 필요하신 모든 것을 고민 없이 자유롭게 누리시도록 도와드리고 싶다. 나는 오늘도 이 지구상에 나를 있게 해 주신 부모님께서 원하시는 모든 것을 해 드리는 행복한 미래를 상상한다.

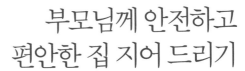

08

부모님께 안전하고
편안한 집 지어 드리기

김영숙

공무원, '아이행복연구소' 소장, 자기계발 작가, 동기부여가
두 아이를 키우는 엄마 경력 7년 차의 엄마로서 아이들의 행복을 위해 열심히 공부하고 있다.
저서로는 《미래일기》가 있으며, 좌충우돌 두 아이를 키우면서 얻은 깨달음을 정리한 개인저서
가 출간될 예정이다.
E-mail nohemi@nate.com
Blog http ://blog.naver.com/gmlakd2678

올여름에 아빠의 팔순잔치가 있었다. 1남 5녀의 자녀들이 다
모여서 축하하는 자리를 마련했다. 둘째 언니가 그동안 찍었던 부
모님의 사진을 모아 동영상을 만들어 왔다. 그 동영상에는 부모님
의 역사가 생생하게 기록되어 있었다. 우리 1남 5녀를 낳고 잘 키
워 주셔서 지금은 다 자리 잡고 잘 살고 있다. 이 모든 것이 부모
님의 덕분이다.

평소에 나는 부모님께 걱정을 끼치지 않고 각자 삶의 현장에
서 최선을 다해 잘 사는 것이 효도라고 생각했다. 거창하게 물질
적으로 잘해 드려도 걱정을 끼친다면 효도가 아니다. 그렇지 않아

도 부모는 항상 자식 걱정을 하며 하루하루를 보낸다. 부모는 자식이 잘 살아가고 있어도 자식들 앞날을 위해서 기도한다. 그렇기 때문에 나는 부모님께 할 수 있는 가장 큰 효도는 걱정을 끼치지 않는 것이라고 생각한다.

나는 결혼하고 아이를 낳을 때까지 항상 부모님께 걱정을 끼쳐 드렸다. 체중 미달로 태어나 어린 시절에는 건강 문제로 부모님은 나의 걱정을 많이 하셨다. 대학 졸업 후에는 오랫동안 안정적인 직장을 잡지 못했다. 서른이 한참 지난 나이에도 결혼할 생각도 하지 않았다. 결국 결혼하긴 했지만 두 번이나 유산을 하고 4년 동안 아이를 낳지 못했다. 이런저런 이유로 항상 부모님께 걱정만 끼쳐 드린 못난 딸이다. 아이를 낳아 키워 보니 부모님의 은혜와 사랑이 정말 크다는 것을 느낄 수 있다.

요즘도 엄마만 생각하면 가슴이 미어진다. 엄마의 삶이 너무 고단했기 때문이다. 엄마는 부잣집 딸이었지만 가난한 집 장남에게 시집와서 시부모를 모시고 힘들게 사셨다. 엄한 시어머니 때문에 고된 시집살이로 힘든 시절을 보냈다. 첫째 아이가 아들이었지만 아들을 하나 더 낳으려고 그 뒤로 다섯 번 더 출산했다. 안타깝게도 모두 딸이었다. 엄한 시어머니 때문에 아이를 낳은 다음날에도 바로 일하러 나가야 했다. 아이를 낳고 산후조리를 해야 하는데 하루도 쉬지 못하고 일하셔서 지금도 건강이 좋지 않다. 이렇게 총 여섯 번의 출산을 하면서 몸 고생, 마음고생이 심하셨을 것이다. 나는 두 아이 키우기도 정말 힘들다. 그런데 엄마는 얼마나 힘드셨을까 생각하니 안타까운 마음뿐이다.

엄마는 무엇보다도 고된 시집살이가 가장 힘드셨다고 한다. 농사일을 고되게 하고 배가 고파도 밥을 못 먹을 때가 많았다고 한다. 할머니가 먹을 것을 주지 않았기 때문이다. 육체적·정신적으로 힘들면 먹을 것이라도 마음껏 먹어야 하는데 그러지 못했다. 게다가 시부모에게 맞기도 했다고 하셨다. 엄마는 심한 마음의 병을 얻었을 뿐 아니라 육체적인 건강까지 잃었다. 농사일과 6남매를 키우는 일만으로도 힘든데 고된 시집살이까지 겪으면서 지낸 지난날은 누구도 보상해 줄 수 없기에 더욱 쓸쓸하다. 지금은 고인이 되었지만 엄마를 힘들게 한 할머니가 미워진다.

엄마는 고된 시집살이를 당하면서 삶을 포기하고 싶을 때도 있었을 것이다. 그러나 오직 자식들을 위해서 참으셨다고 한다. 엄마는 지금도 옛날이야기를 하면 울적해지신다. 누가 시부모에게 맞으면서 살 수 있을까? 그러나 엄마는 오직 자식들만 바라보고 힘든 상황에서도 포기하지 않고 사신 것이다.

아빠는 지금까지 수술을 여러 번 하셨다. 큰 수술만 열 번도 넘는다. 고관절수술, 허리수술, 급성심근경색 수술 등, 엄마는 그때마다 병원에서 아빠를 간호하시느라 병원생활을 많이 하셨다. 엄마는 농사일을 많이 해서 허리가 구부정하다. 꼬부랑 할머니가 된 것이다. 수십 년 동안 밭일이며 논일을 한 엄마의 삶의 기록이 몸에 새겨진 것이다.

어느 날 남편이 TV를 보다가 장모님 모시고 병원에 가 본 적은 있느냐고 물어봤다. TV에서는 엄마처럼 일을 많이 해서 허리가 굽은 할머니가 나오고 있었다. 그 할머니의 소원은 똑바로 서는 것이었다. 그래서 허리수술을 하고 소원을 이뤘다. 나는 TV를 보면서 당황했다. 남편에게 창피하기도 했다. 남편의 표정에 자식들도 많은데 왜 아무도 부모님에게 신경 쓰지 않느냐는 질책이 담겨 있는 것처럼 느껴졌기 때문이다. 나는 그동안 엄마의 굽은 허리를 고칠 수 있다는 생각을 전혀 하지 못했다. 그냥 당연하게 나이 먹으면 그렇게 되는 것이겠거니 생각했다. 할머니들 중에는 허리가 굽은 사람이 많으니 우리 엄마도 그냥 그렇게 살아도 괜찮은 줄 알았다. 어쩌면 엄마가 힘들어하는 것을 알면서도 그냥 지나쳤던 것일지도 모른다.

도시에 사는 시부모님이 문화센터나 복지센터에 다니면서 즐기시는 모습을 보면 부럽다. 시골에 사는 우리 부모님은 그런 혜택을 누리기가 어렵다. 불편한 몸을 움직여서 철 따라 있는 농사일을 나가시는 모습이 안타깝다. 엄마는 작년 가을에 팔을 다쳐서 일상적인 생활도 버거워하신다. 아빠는 여러 번의 수술로 다리가 불편해 많이 걷지 못하신다.

현재 아빠는 81세, 엄마는 77세시다. 부모님이 이렇게 연세가 있고 건강하지 못하니 여행을 다니기도 어렵다. '여행은 젊어서 다녀라'라는 말은 진리다. 나는 부모님과 멀리 떨어져 살고 있고 직장 일과 육아로 바쁘다는 핑계를 대며 부모님과 같이 여행을 간 적이 없다. 이제부터는 1년에 한 번 가까운 곳이라도 여행을 같이 다녀야겠다. 여가생활을 즐기지 못하고 평생 일만 하신 부모님을 즐겁게 해 드리고 싶다.

어렵게만 살아온 부모님에게 효도를 해야겠다는 생각을 한 것은 결혼하고 나서부터였다. 고도원의 《부모님 살아 계실 때 꼭 해 드려야 할 45가지》를 읽으면서 시작되었다. 45가지 중에서 내가 할 수 있는 것은 '자주 전화 드리기, 가능하면 하루 한 번씩'이었다. 크고 거창한 것은 실행하기 어렵고 매일 전화해 안부인사도 드리고 대화를 나누는 것이 좋겠다는 생각에서였다.

몇 년 동안은 매일 전화를 드렸다. 그러나 아이를 낳고 키우다 보니 지키기 어려워졌다. 가끔 바빠서 잊어버리고 전화를 하지 않으면 집에서 걱정을 하셨다. 혹시 무슨 일이 생겨서 연락을 못하는 것인가 하는 마음에 부모님이 내게 전화를 하셨다. 그래서 생각날 때마다 꼭 전화를 드리려고 노력한다. 크고 거창한 것은 아니지만 내가 가장 잘할 수 있는 효도다. 앞으로도 계속 이어 나가려고 한다. 그리고 전화할 때마다 그동안 쑥스러워서 하지 못했던 사랑한다는 말을 해 보려고 한다.

지금까지 작고 사소한 효도만 실천해 왔다. 이제 나는 더 큰 효도를 꿈꾼다. 몸이 불편하신 엄마아빠가 사시는 곳을 더 안전하고 편안한 곳으로 바꿔 드리고 싶다. 지금 사시는 곳은 아빠가 태어날 때부터 사신 곳이다. 계속 개량을 하긴 했지만 옛날식 그대로여서 몸이 아프신 부모님이 생활하기에는 어려움이 많다. 또한 시골집이라 울타리가 엉성해 다른 사람의 침입 등 안전을 보장하기 어렵다. 요즘은 세상이 험악해져서 시골도 예전처럼 평화롭지 않다. 그래서 생각하게 된 것이 새집을 지어 드리는 것이다. 아프신 부모님이 마음 놓고 살 수 있는 아늑하고 편안하면서도 안전한 새집을 지어 드리고 싶다. 그 집에서 마음 편하게 친구와 수다를 떠는 엄마의 모습을 보고 싶다.

09

바르게 변화하는
모습 보여 드리기

차정혁

의식혁명가, 자기계발 작가, 1인 기업가, 시스템 관련 조언가
장교로 군 복무를 하고, 전역 후 기술 영업인으로 활동했다. 수많은 사람들을 만나면서 진정한
행복은 '의식혁명'에서 온다는 믿음이 확신으로 바뀐 어느 날, 5년간의 회사생활에 과감히 마
침표를 찍었다. 이후 '대한민국 나폴레온 힐'이라는 닉네임으로 사람들의 낡은 관점을 전환시
켜 성공을 돕는 의식혁명가이자 자기계발 작가로 왕성하게 활동하고 있다.
E-mail blackmoon426@naver.com
Blog www.gggacademy.co.kr
C · P 010.9482.3497

많은 사람들이 어릴 때 한 번쯤은 '우리 부모님이 부자였으면
좋았을 텐데'라는 생각을 해 봤을 것이다. 나 역시 부모님이 부자
라면 아무 걱정 없이 사고 싶은 것 다 사고 인생을 즐기면서 살
수 있을 것이라는 착각 아닌 착각을 하며 어린 시절을 보냈다.

지금에 와서 그 시절 나의 모습을 돌이켜 보면 참 어리석었다
는 생각이 든다. 비록 풍족하지는 않았지만 부족하지도 않은 형
편에 감사하지는 못할망정 돈과 성공에 대한 욕심으로 오직 앞만
보고 달리기만 했기 때문이다. 또한 돈이 충분해야 삶이 행복할
것이라는 생각에 사로잡혀 바로 옆에 있는 소소한 행복조차 알아

차리지 못했다. 주변 사람들에게도 소홀하게 대했다. 이렇게 오직 물질적인 것들을 쫓으며 살아왔다.

그렇게 앞을 향해 달렸건만 욕망은 채워지기는커녕 점점 더 늪으로 빠져 들어가는 느낌만 들었다. 삶에서 행복함을 느끼지 못했고 거기서 오는 스트레스를 부모님께 풀었다. 그리고 직접적으로 말로 표현하진 못했지만 '부모님이 부자였으면 내가 이렇게 고생하지도 않고 삶을 즐기면서 살았을 텐데'라는 생각은 점점 더 짙어져 부모님께서도 간접적으로나마 느끼셨을 것이다.

출구가 보이지 않던 삶에 한 줄기의 빛이 되어 준 것은 바로 '감사 일기'였다. 나는 지금껏 종교에는 관심이 적었다. 대신 삶의 역경을 극복한 사람들의 이야기에는 관심이 많았다. 그래서인지 나는 오프라 윈프리의 이야기에서 한 줄기의 빛을 보았다.

그녀는 여섯 살 되던 해 부모의 품을 떠나 할머니 손에 맡겨졌다. 아홉 살 되던 해 사촌 오빠에게 성폭행을 당하고 그 이후에도 어머니의 남자 친구나 친척 아저씨들에게 끊임없이 성적 학대를 당했다고 한다. 그리고 열네 살이 되던 해에는 미혼모가 되었지만 엄마가 된 지 2주 만에 아이는 세상을 떠났다. 그 충격으로 가출한 뒤 마약 중독의 나락에 빠져 어두운 시절을 보냈다. 그랬던 그녀가 역경을 딛고 세계적인 영향력을 발휘하는 사람으로 성장할 수 있었던 것은 바로 매일 써 내려갔던 감사 일기 덕분이었다고 한다.

　나도 처음에는 '이렇게 단순한 것이 과연 효과가 있을까?'라는 의심도 들었지만 밑져야 본전이라는 생각에 하루에 5개씩 감사 일기를 써 내려갔다. 소소한 일기들이 하나둘 쌓여 갈수록 내 안에서 조금씩 변화가 일어나는 것을 느낄 수 있었다. 그동안 당연하게만 생각했던 가족들과의 평범한 일상이 무엇과도 바꿀 수 없는 기적임을 깨닫게 되었다. 행복은 늘 곁에 있었다는 것을 알게 되었다. 시간이 흘러 감사하는 것이 일상이 되었을 때 세상을 보는 시야가 넓어지고 삶에 여유가 생겼다. 부정적이었던 시선이 긍정적인 방향으로 바뀌어 가고 있다는 것을 온몸으로 느끼게 되었다.

　그러한 변화를 주변 사람들도 느끼는지 만나는 사람들마다 대화를 주고받으면 놀라는 기색을 보이며 한마디씩 했다. 예전보다 훨씬 여유 있어 보이고 분위기가 온화해졌다고 말이다. 예전에는 성공을 위해서 앞만 보고 달리며 주변을 신경 쓰지 않는 느낌이었다면, 지금은 차분하면서 주변을 보는 여유가 있어 보일 만큼 많이 성숙해진 것 같다고 말한다.

　이렇게 긍정적으로 달라진 나의 모습에 부모님도 많이 놀라셨다. 나는 세속적인 성공에 얽매여서 앞만 보며 달려가는 모습보다는 주변을 돌아보고 그 속에서 행복을 찾고 감사하며 살아가는 모습을 보여 드리는 것이 부모님께 드리는 최고의 선물이라는 생각이 들었다. 부모님께 보여 드리고 싶은 몇 가지 나의 모습이 있다. 지금까지 당연하다고 생각한, 부모님께서 물려주신 건강한 신체, 베풀어 주시는 사랑, 경제적인 지원 등에 대해 감사하는 마음을 가지며 살아가는 모습을 보여 드리고 싶다. 그리고 나의 길을 걸어가며 삶을 즐기면서 살아가는 모습, 어려운 역경과 시련 속에서도 좌절하며 힘들어하지 않고 딛고 일어서는 모습을 보여 드릴 것이다. 또한 성공해 풍요로우며 행복하게 살아가면서도 감사하는 마음을 잊지 않고 살아가는 모습 등 아들의 변화된 다양한 모습들을 선물해 드릴 것이다.

부모님에게 나의 달라진 모습과 함께 호서대학교 설립자 고(故) 강석규 선생의 글 〈어느 95세 어른의 수기〉를 부모님께 선물로 드리고 싶다.

"나는 젊었을 때 정말 열심히 일했습니다.

그 결과 나는 실력을 인정받았고 존경을 받았습니다.

그 덕에 65세 때 당당한 은퇴를 할 수 있었죠.

그런 내가 30년 후인 95살의 생일 때, 얼마나 후회의 눈물을 흘렸는지 모릅니다.

내 65년의 생애는 자랑스럽고 떳떳했지만, 이후 30년의 삶은 부끄럽고 후회되고, 비통한 삶이었습니다.

나는 퇴직 후 '이제 다 살았다. 남은 인생은 그냥 덤이다'라는 생각으로 그저 고통 없이 죽기만을 기다렸습니다.

덧없고 희망이 없는 삶…. 그런 삶을 무려 30년이나 살았습니다.

30년의 시간은 지금 내 나이 95세로 보면…. 3분의 1에 해당하는 기나긴 시간입니다.

만일 내가 퇴직할 때 앞으로 30년을 더 살 수 있다고 생각했다면 난 정말 그렇게 살지는 않았을 것입니다. 그때 나 스스로가 늙었다고, 뭔가를 시작하기엔 늦었다고 생각했던 것이 큰 잘못이었습니다.

나는 지금 95살이지만 정신이 또렷합니다. 앞으로 10년, 20년을 더 살지 모릅니다.

이제 나는 하고 싶었던 어학공부를 시작하려 합니다. 그 이유는 단 한 가지…. 10년 후 맞이하게 될 105번째 생일날, 95살 때 왜 아무것도 시작하지 않았는지 후회하지 않기 위해서입니다."

이 글을 선물로 드리고 싶은 이유가 있다. 올해 공무원을 은퇴하고 제2의 인생을 살아가시는 아버지와 반평생을 자신이 아닌 남편과 자식들의 뒷바라지를 하시며 살아오신 어머니에게 해 드리고 싶은 말이 있기 때문이다.

"아버지, 어머니 두 분 모두 이제부터는 저희들 걱정은 하지 마시고 당신을 위한 삶을 살아가시길 바랍니다. 지금도 절대로 늦은 것이 아니며 나이는 숫자에 불과하다고 생각해요. 60대, 70대, 80대, 90대가 되어서도 삶을 즐기면서 후회 없이 살아가시는 부모님의 모습을 소망합니다.

하지만 꼭 무엇을 해야 한다는 이야기는 아니에요. 부모님께서 어떠한 삶을 살아가시든, 부모님이 저를 믿어 주셨던 것처럼 저역시 부모님을 믿으며 자랑스럽게 생각할 것입니다. 언제나 사랑합니다!"

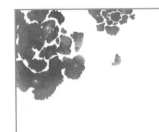

10
전국일주를 위한
캠핑카 사 드리기

임주영

감사 메신저, 동기부여가, 강연가, 자기계발 작가
행복한 인생은 감사하는 것에서부터 시작됨을 전파하고 다니는 감사 메신저다. 모든 사람들
이 감사하는 마음을 가지는 따뜻한 세상을 만들기 위해 오늘도 열심히 감사를 실천하며 알리
고 있다. 저서로는《되고 싶고 하고 싶고 갖고 싶은 38가지》가 있으며, '감사'에 대한 개인저서
를 집필 중이다.
E-mail grace_lym@naver.com
Blog http://blog.naver.com/grace_lym
Instagram http://www.instagram.com/gratitude_messenger

'월화수목금금금'이라는 말을 아는가? 나는 이 말을 듣자마자,
우리 가족을 보며 만든 말인 줄 알았다. 우리에게 주말이란 단어
는 잊힌 지 오래되었기 때문이다. 일은 끊이지 않고 들어오지만,
직원을 쓰지 않겠다는 아버지의 신념 때문에 휴일은 꿈도 못 꾼다.

일반 회사에 다니는 지인들은 내가 가족과 함께 일하는 것을
부러워한다. 좀 더 편안한 분위기에서 근무를 할 수 있다고 생각
하기 때문이다. 물론 이 부분은 나도 인정한다. 하지만 세 사람이
서 많은 업무량을 처리하는 것은 생각보다 쉽지 않다. 그렇기 때
문에 주말 근무도 불사하고 매일 출근도장을 찍는다. 나는 가끔

씩 나를 부러워하는 지인들이 부럽다. 그들은 이틀밖에 쉬지 못한다고 불평을 늘어놓지만, 나는 그 이틀이 너무나도 부러웠다. 매일 일찍 출근하고, 늦게 퇴근하다 보니 집이란 잠만 자다 나오는 숙소나 다름없다. 삼시 세끼도 밖에서 해결하다 보니 우리 집 주방은 사람의 손길이 닿지 않은 지 한참 되었고, 청소도 큰맘 먹고 한다.

하지만 옛날부터 휴일도 없이 일했던 것은 아니다. 얼마 전 방정리를 하던 중 앨범 하나를 발견했다. 네 식구가 활짝 웃고 있는 모습의 사진을 보며 나는 잠시 그때를 회상했다. 어린 나와 남동생 그리고 지금보다는 훨씬 젊은 부모님의 모습을 보며 행복했던 주말을 떠올려 보았다. 다 같이 청소를 깨끗이 하고, 뒷마당에서 대나무 장작을 땔 때 삼겹살을 구워 먹고는 했다. 때로는 아버지의 차를 타고 다 함께 경치 좋은 곳으로 놀러 가기도 했다. 앨범을 한 장씩 넘길 때마다 그때의 추억이 우르르 쏟아져 나왔다. 그런데 앨범을 끝까지 넘겨 보아도 초등학생 이후의 모습은 없었다. 우리 가족에게 주말은 딱 그때까지였다고 말하는 것 같아 서글퍼졌다.

나와 동생이 커 감에 따라 드는 돈도 늘었을 테고 부모님께서는 더욱 열심히 일을 하셨다. 동생은 대학 진학에 뜻을 두지 않았다. 고등학교 졸업 후 바로 부모님의 일을 도와드리기 시작했다. 그리고 나는 그런 우리 가족의 노고를 알기에, 대학교를 다니면서 용돈이나 생활비를 따로 받지 않고 아르바이트를 하며 생활을 이어 나갔다. 내가 졸업을 하고 본가로 돌아왔을 때 동생은 군 입대를 했다. 그 빈자리는 내가 채워야만 했다.

아버지의 일은 쉬운 일이 아니다. 컨테이너 제작은 철을 다루므로 체력적 소모가 많다. 또한 용접을 하고 기계로 자르는 작업이 많아서 자칫 긴장의 끈을 놓치면 크게 다칠 수도 있다. 게다가 대부분의 작업이 야외에서 이루어지기 때문에 바깥 환경에 그대로 노출될 수밖에 없다. 여름에는 강한 햇볕에 피부가 벌겋게 익어 버리고, 겨울에는 아무리 두껍게 옷을 입어도 살을 에는 추위에 온몸이 얼어 버린다. 극한 작업환경 속에서 세 식구가 일하는 것을 보면서 손님들은 직원이 5명 정도는 있는 줄 알았다며 놀라움을 금치 못한다.

어머니는 나보다 작은 체구에도 불구하고 무거운 것도 번쩍번쩍 잘 드신다. 수십 년 동안 아버지 곁에서 일을 도와주고 계시는데 가끔씩 힘들어하시는 모습을 볼 때면 마음이 아프다. 아버지께서도 내색은 하지 않으시지만 예전에 비해 많이 피곤해하신다. 주말에 낮잠 한 번 잘 수도 있는데, 어김없이 피곤한 몸을 이끌고 출근하신다. 그 과정을 나도 함께 겪어 보니 정말 대단하시다는 생각밖에 들지 않았다. 존경하는 사람이 누구냐는 질문을 받으면 나는 1초의 고민도 하지 않고 바로 '부모님'이라고 이야기한다.

쉼 없는 강행군으로 컨디션이 안 좋은 날에는 신경이 예민해질 수밖에 없다. 그럴 때마다 아버지께서는 이런 말씀을 하셨다.

"일이 없어서 쉬고 있는 사람도 있는데, 우리가 이렇게 바쁜 것도 다 복이 있어서 그런 거란다."

아버지는 힘이 드는 상황일수록 긍정적인 생각과 말로 위안을 삼는다. 이런 정신이 있었기에 지금까지 꾸준하게 한길만을 걸어오실 수 있지 않았나 싶다.

나에겐 언제나 슈퍼맨이자 원더우먼인 우리 부모님도 타고난 '워커홀릭'은 아니었다. 사실 부모님도 여행 다니는 것을 좋아하신다. 두 분이 연애할 때의 사진을 보면 여러 곳에서 다정하게 찍은 사진들이 많다. 그때 입었던 옷들이 아직도 옷장 깊숙이 보관되어 있는 것은, 분명히 지금도 마음 한편에 그때의 기억을 갖고 계시기 때문일 것이다. 젊었을 때 두 분은 멋쟁이라는 소리를 들을 정도로 여러 가지의 멋진 옷을 입고 다니셨다고 한다. 그런데 지금은 새 옷을 사 드려도 일할 때 편한 옷들만 골라 입으신다. 왜 새 옷을 입지 않느냐고 여쭤 보면 놀러 갈 때 입겠다며 곱게 개어서 넣어 두시곤 했다. 나는 더 이상 부모님이 남은 인생을 마음속에만 담아 두지 않았으면 했다. 얼마 전에는 부모님께 은근슬쩍 여쭤 보았다.

"일 말고 하고 싶은 것은 뭐예요?"

"전국 곳곳으로 여행도 다니고 싶고, 공기 좋은 산속에다가 집을 짓고 조그맣게 농사지으면서 살고 싶어."

아버지께서는 직접 운전을 해 여행을 다니고 싶다고 하셨다. 편하게 다녀도 될 텐데 아버지는 얻어 타는 차가 오히려 불편하다고 하셨다. 그때 부모님께 캠핑카를 사 드려야겠다는 생각이 번뜩 들었다. 누구의 눈치도 보지 않고, 마음만 먹으면 어디로든지 떠날 수 있고, 집이 될 수도 있는 캠핑카야말로 부모님의 선물로 안성맞춤일 것 같았다.

그동안 자식들을 키우며 ○○아빠, ○○엄마로 사신 부모님께 이제는 자신의 이름 세 글자로 본인의 인생을 살라고 말씀드리고 싶다. 자식들을 위해 미뤄 두었던 삶을 옷장에 곱게 개어 넣어 놓은 새 옷과 함께 꺼내셨으면 하는 간절한 바람이다. 여태껏 부모님께서 나에게 그래 주셨던 것처럼 나 또한 항상 부모님의 인생을 응원할 준비가 되어 있다.

나는 부모님께 바라는 한 가지가 있다. 언젠가 이따금씩 부모님의 안부를 물을 때, 그 답으로 두 분이 여행지에서 다정하게 웃는 사진을 보내 주시며 이런 말씀을 덧붙여 주셨으면 좋겠다.

"우리는 잘 지내고 있어. 오늘도 정말 행복한 하루를 보내고 있단다."

사실 부모님께 해 드리고 싶은 것이 너무나도 많다. 자식이라면 모두 다 같은 마음일 것이다. 그래서 나는 이것저것 생각날 때마다 잊어버리지 않도록 메모를 하고 있다. 그런데 캠핑카를 사 드리는 것보다 먼저 해 드리고 싶은 것이 있다. 그것은 바로 사랑의 고백이다. 쑥스러워서 하지 못했던 그 말을 이번 기회를 통해 말씀드리고 싶다.

"지금처럼 다음 생에서도 저의 자랑스러운 부모님이 되어 주세요. 항상 감사합니다, 그리고 사랑합니다."

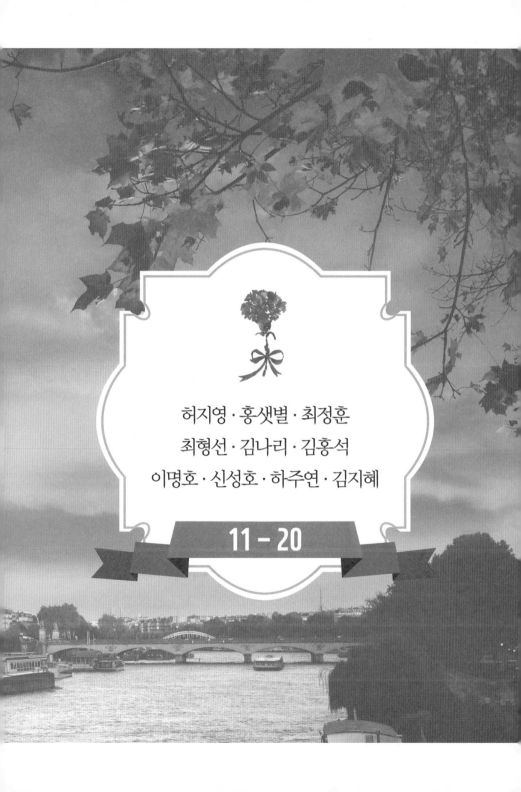

허지영 · 홍샛별 · 최정훈
최형선 · 김나리 · 김홍석
이명호 · 신성호 · 하주연 · 김지혜

11 - 20

어머니와
공동저서 집필하기

허지영

쇼핑몰 코치, 블로그 마케팅 코치, 책 쓰기 코치, 동기부여가, 자기계발 작가
현재 네이버 카페 '블로그의 여왕 허지영의 브랜딩 책쓰기 연구소'를 운영하며 블로그 쇼핑몰 창업을 시작하는 사람들의 성공을 돕기 위해서 쇼핑몰 코치, 블로그 마케팅 코치로 활동 중이다. 평생 책 쓰는 현역으로 살아가며 사람들의 성공을 돕는 메신저의 삶을 지향한다. 저서로는 《나는 블로그 쇼핑몰로 월 1,000만 원 번다》, 《미래일기》, 《버킷리스트7》, 《또라이들의 전성시대》, 《되고 싶고 하고 싶고 갖고 싶은 38가지》 등이 있다.
E-mail messenger_707@naver.com
Blog www.hurstyle.co.kr
Cafe www.hurstylecafe.co.kr
Instagram https://instagram.com/lemonade1004

올해로 어머니가 홀로 되신 지 10년째다. 10년 전 아버지는 갑자기 세상을 떠나셨다. 가족들은 마음의 준비를 할 시간도 없이 아버지를 떠나보냈다. 당시 나는 항공사에서 승무원으로 근무하고 있었다. 그날은 장거리 비행을 다녀온 다음 날이라 집에서 쉬고 있었다. 그때 갑자기 어머니에게서 전화가 왔다. 전화기 너머로 떨리던 어머니의 목소리를 지금도 기억한다. 아버지가 갑자기 돌아가셨다는 것이었다. 새벽에 등산을 가셨는데 몸이 좋지 않아 집으로 되돌아오셨다고 한다. 이후 가슴에 통증을 느끼시더니 갑자기 돌아가신 것이다. 아버지의 임종은 어머니 홀로 지키셨다. 나는 어머니의 전화를 받고 급히 비행기를 타고 부산으로 향했다. 비행기에서 눈물이 멈추지 않았다. 병원으로 달려가 싸늘해진 아버지를 만났다.

아버지가 돌아가시기 일주일 전, 부산에서 서울로 돌아가는 나를 배웅하는 아버지에게 용돈을 드렸었다. 그때 아버지가 환하게 웃으시던 모습이 마지막이었다. 아버지가 이렇게 허망하게 가실 줄 알았다면 용돈을 좀 더 많이 드릴 걸 하고 후회했다. 그래서 나는 부산으로 발령 신청을 해서 어머니 곁을 지켰다. 다시는 후회하지 않기 위해서였다.

부산에서의 근무는 생각보다 쉽지 않았다. 서울과 업무 환경이 다르고 나와 맞지 않는 선배 때문에 마음고생이 심했다. 힘들어하는 나를 보면서 어머니는 늘 미안해하셨다. 부산으로 오지 않았다면 이렇게 고생하지 않았을 거라고 생각하셨던 것이다.

어느 날 회사에서 메일함을 열어 보니 어머니가 보낸 장문의 편지가 있었다. 어떤 사람을 만나더라도 마음가짐을 제대로 하고 좋은 마음으로 바라본다면 힘들지 않을 거라는 말씀을 해 주셨다. 어머니의 글을 읽고서 하염없이 눈물을 흘렸다. 어머니를 위해서 내려온 것이었는데 힘들다고 투정 부리는 것 같아 죄송한 마음이 들었다.

독수리 타법으로 힘들게 편지를 쓰셨을 어머니를 생각하며 더

강해져야겠다고 다짐했다. 그날부터 나는 모든 것이 마음에서 비롯된 문제임을 깨닫고 즐겁게 일할 수 있었다.

어머니는 늘 말보다 글로써 많은 깨달음을 주셨다. 우리 3남매가 결혼한 뒤에도 가끔씩 메일을 보내신다. 떨어져 있지만 항상 자식들을 생각하는 어머니의 큰 사랑을 느낄 수 있다.

어머니는 다재다능한 분이셨다. 미대에 가고 싶었는데 외할아버지의 반대로 가지 못하셨다고 한다. 어머니의 그림 실력은 화가 못지않다. 그림을 그릴 때 유난히 더 행복해하셨던 기억이 난다. 힘들 때마다 책을 가까이하셨고 좋은 말씀을 많이 해 주셨다. 사람들에게 늘 베풀고 모르는 것을 가르쳐 주는 것을 좋아하셨다. 한글을 읽지 못하는 사람에게 글을 가르치셨고, 노인분들께 한자를 가르치기도 했다. 늘 사람들에게 좋은 영향력을 주며 살아가는 어머니를 보면서 나도 닮아 갔다. 평소에 글 쓰는 것을 좋아하시는 어머니를 볼 때마다 언젠가는 책을 쓰시면 좋겠다는 생각을 했었다. 어머니는 말씀은 안 하셨지만 내심 책을 쓰고 싶어 하신다는 것을 나는 알고 있었다.

어머니는 내가 책을 쓰는 것이 너무 행복하다고 말씀하신다. 내가 지금까지 했던 그 어떤 일보다 더 자랑스럽다고 하셨다. 책이 나오면 여러 번 읽어 보시면서 많은 이야기를 해 주신다. 내가 첫 번째로 쓴 책인 공동저서 《버킷리스트7》을 하루 종일 보고 또

보시던 어머니의 모습이 기억에 남는다. 나를 통해서 꿈을 이룬 것이라고 생각하시는 것 같았다. 이제는 어머니가 자신의 이름 석 자가 새겨진 책을 쓸 수 있도록 도와드릴 것이다. 어머니의 책 쓰기 코치가 되어 책 쓰기를 가르쳐 드리고 함께 공동저서를 써야겠다고 결심했다.

중국 역사상 최고 상인으로 성장한 호설암이라는 인물이 있다. 그가 죽기 전에 후회한 일은 자신의 귀중한 경험과 장사의 원리를 후대 사람들에게 책으로 남겨 주지 못한 것이라고 했다. 중국에서 100년간 가장 존경받는 상인 중 한 명이었지만 임종 직전에야 기록의 중요성을 알게 된 것이다. 그가 죽은 뒤 후손들은 그가 남긴 기록들을 모아 책으로 펴냈다고 한다.

호설암처럼 큰일을 해낸 사람만 대단한 것이 아니다. 평범한 한 사람의 일생도 깊이 들여다보면 결코 평범하지 않다. 또 다른 누군가에게는 특별한 삶이 될 수 있다. 내가 살아오면서 힘든 순간들을 극복할 수 있었던 것은 어머니가 계셨기 때문이다. 어머니의 얼굴을 떠올리면 단 한순간도 허투루 보낼 수 없다는 마음이 생긴다. 고된 시집살이와 넉넉하지 못한 형편에서도 불평불만 한 번 하지 않으셨던 분이다. 어머니의 삶을 통해서 나는 누구보다 강한 인내심과 정신력을 키울 수 있었다. 어머니의 삶 자체가 나에게 강한 동기부여가 되었던 것이다.

대부분의 사람들은 가까운 부모님이 아닌 다른 사람들의 인생에서 깨달음을 얻으려고 한다. 하지만 부모만큼 아낌없이 가르침을 줄 수 있는 사람은 없다. 어머니와 여행을 다니고 사진을 많이 찍는 것도 좋겠지만 어머니의 삶과 깨달음이 담긴 책을 쓴다면 돈으로 환산할 수 없는 가치를 가질 것이다. 그동안 살아오면서 어머니를 통해 배운 모든 것을 책에 담고 싶다는 생각이 들었다. 어머니와 공동 목표를 가지고 함께 미래를 그려 보고 싶다.

자식이라 할지라도 부모님의 마음을 제대로 아는 사람은 많지 않다. 나 역시 내가 아는 어머니의 모습이 전부라고 생각하지 않는다. 어머니와 함께 책을 쓰면서 어머니를 깊이 이해할 수 있을 것이다. 어머니는 힘든 시절을 어떻게 극복하셨는지, 어떤 생각으로 살아오셨는지 알아 가고 싶다. 분명 대단한 사람들의 책보다 더 많은 지혜를 얻을 수 있을 것이라 생각된다.

가끔은 어머니도 나의 마음을 잘 모른다는 생각이 들 때가 있다. 다툴 때 마음에도 없는 말을 해서 어머니를 속상하게 해 드린 적이 많다. 내 마음은 그렇지 않은데 진심을 제대로 전달하지 못하는 경우가 있다. 책을 통해서 어머니에 대한 나의 마음을 전하고 싶다. 어머니와의 공동저서 집필로 서로에 대한 마음을 더 잘 알게 될 것이라 믿는다.

나는 어머니의 글에서 삶의 지혜를 얻기 위해서, 나의 자식에게 무엇과도 바꿀 수 없는 깨달음을 남기기 위해서 공동저서를 쓰려고 한다. 어머니의 선한 영향력으로 많은 사람들이 동기를 부여받고 도움을 얻을 수 있도록 할 것이다. 나를 통한 대리만족이 아닌, 어머니가 자신의 꿈을 이루며 희망에 찬 하루하루를 살아가시길 바란다. 지금까지 힘들게 살아오신 어머니에게 가슴 뛰는 선물을 해 드리고 싶다.

"온갖 실패와 불행을 겪으면서도 인생의 신뢰를 잃지 않는 낙천가는 대개 훌륭한 어머니의 품에서 자라난 사람들이다."

앙드레 모루아의 말이다. 그렇다. 우리는 모두 어머니의 모습에서 인생을 배운다. 이제는 받았던 것을 돌려드려야 할 때다. 나도 엄마가 되어 보니 알겠다. 엄마로서의 삶만큼 내 인생도 소중하다는 것을 말이다. 더 늦기 전의 어머니의 인생을 찾아 드리고 싶다. 살아 계실 때 효를 다하지 못하면 두고두고 후회할 것이다. 어머니의 인생을 책 한 권에 담아 오래도록 어머니의 가르침을 기억할 것이다.

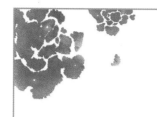

12
세계 10대 절경
보여 드리기

홍샛별

前 신문기자, 글쓰기 전문 강사, 스토리 크리에이터, 스토리 마케팅 코치
가장 나다울 수 있는 순간이 글을 쓸 때라고 생각하는 유쾌한 글쟁이다. 세상에 품은 호기심을 바탕으로 4년간 신문사에서 취재 기자로 근무했다. 현재는 상장기업 컨설팅 업체에서 기업 스토리 및 콘텐츠 개발 일을 하고 있다. 또한 더 많은 사람들에게 글쓰기의 기쁨을 알려 주기 위해 글쓰기 강의를 하고 있다. 오늘도 마음으로 읽히는 글로 사람들에게 기억되고 싶다는 꿈을 꾼다.
E-mail pongcong@naver.com
Blog http://blog.naver.com/pongcong

　'백문이 불여일견', 우리 가족의 모토다. '경험'의 중요성을 강조하신 부모님 덕분에 나와 동생은 또래에 비해 훨씬 다양한 경험을 할 수 있었다. 특히 여행만큼은 원 없이 다녔다. 요즘의 캠핑 열풍이 우리 가족에게는 20여 년 전에 불어닥쳤다. 주말이면 각자의 배낭을 꾸려 전국 방방곡곡을 돌아다니기 일쑤였다. 아빠 차에는 늘 텐트가 있었고, 집 주방 한쪽에서는 코펠과 버너가 우리의 부름을 받길 기다렸다. 아주 어렸을 때를 빼고는 아빠의 "여행 가자!" 소리가 나오기 무섭게 각자의 짐을 챙겼다.

　아빠는 즉흥적일 때가 많았는데, 그중 가장 기억에 남는 일화가 하나 있다.

중학교 1학년 어느 금요일 저녁이었다. 모처럼 일찍 퇴근하고 들어오신 아빠가 TV를 보고 계셨다. 시험 기간이었던 나는 보충 수업을 들으러 학원에 갈 준비를 하고 있었다. 한 프로그램에서 방영된 부산의 모습에 매력을 느낀 아빠가 외쳤다.

"부산 가자!"
"어? 나 학원 가야 되는데…."

사실 아빠의 말을 듣는 순간 속으로 '오늘 학원은 안 가도 되겠구나'라고 생각했지만 그래도 예의상 말을 꺼냈다.

"학원은 무슨! 오늘 다 같이 부산으로 고!"

신바람이 났다. 기차역에 가니 주말임에도 다행히 표가 남아 있었다. 설레는 마음을 한가득 안은 채 밤 11시 넘어서 출발하는 부산행 기차에 몸을 실었다.

부산역에 도착하니, 시계는 새벽 4시를 가리키고 있었다. 아무런 준비도 없이 출발했던 터라, 숙소도 갈 곳도 마땅치 않았다. 새벽 공기는 제법 쌀쌀했다.

"가족끼리 여행 오셨나 보죠?"

한 택시기사 아저씨가 말을 걸어왔다. 잘 아는 숙소가 있다며 저렴한 가격에 이용할 수 있게 해 주겠다고 했다. 달리 대안이 있는 것도 아니었기에 부모님은 아저씨의 제안에 응했다. 10분쯤 이동했을까. 후미진 골목으로만 들어가던 차가 멈춰 선 곳은 웬 허름한 여인숙 앞이었다. 들어가서 본 숙소는 생각보다 더 형편없었다. 쥐가 튀어나와도 전혀 이상할 게 없을 정도였다.

"속았다! 아저씨 그렇게 안 봤는데…"

우리 네 식구는 서로의 얼굴과 방을 번갈아 보다 짠 것처럼 동시에 큰 소리로 웃었다. 부모님께서는 이런 경험을 언제 또 해 보겠냐고, 단칸방 하루살이 체험 같다며 "이것도 다 추억이 될 거야."라고 말씀하셨다. 2박 3일 동안 우리 가족은 부산의 유랑자가 되어 이곳저곳을 떠돌았다. 전철, 버스, 택시 등 탈 수 있는 대중교통은 전부 이용하며 곳곳을 둘러봤다.

부모님의 교육 철학은 한결같았다. '직접 경험'을 가장 우선순위에 두셨다. 그렇기 때문에 나는 학교를 빠지고 금강산 여행을 다녀오는 호사를 누리기도 했다. 돌이켜 생각해 보면, 참 대단한 일이 아닐 수 없다. 보험회사를 다니시던 아빠는 늦은 새벽에도 고객의 전화가 오면 달려 나가기 일쑤였다. 아빠의 전화기는 잠시도 쉴 틈이 없었다. 스트레스성 질병도 늘 안고 사셨다. 그런데도 주말이면 자식들에게 새로운 세상을 알려 주려 노력하신 것이다.

직장생활을 시작한 이후 주말을 그저 부족한 잠을 보충하는 것으로 보내던 내 모습이 스쳐 지나갔다. 다른 어떤 일정을 잡기란 도저히 불가능한 것처럼 느껴지는 그때조차도 아빠, 엄마는 나와 동생을 위해 기꺼이 희생하셨다. 오로지 자식들에게 조금이라도 더 넓은 세상을 보여 주기 위해서 말이다. 그리고 두 분은 지금도 "시간 날 때 틈틈이 여행이나 다녀."라고 하신다.

두 분의 헌신과 노력이 지금의 나를 있게 했다. 매번 여행 때마다 나는 조금씩 단단해져 갔다. 경험의 나이테가 하나둘 생겨나면서 갖가지 삶의 지혜도 터득했다. 아주 어린 시절부터 여행의 가치를 몸소 체험한 나이기에, 바쁜 직장생활 속에서도 1년에 한번씩은 반드시 나를 위한 여행을 떠나곤 한다.

지금도 우리 부모님은 TV에서 멋진 풍경을 보면 곧바로 여행을 계획하신다. 특히 요즘엔 홈쇼핑 채널의 여행 상품을 보시다 예약을 해 버리시는 경우도 많다. 얼마 전에는 두 분이 유럽여행을 다녀오시기도 했다. 귀국 이후에도 한동안 '유럽앓이'를 하시는 모습을 보고, 얼마나 만족스러운 여행을 하셨는지 짐작이 갔다.

나는 중국 유학생 시절, 내몽고부터 시안의 병마용갱, 쓰촨성의 구채구·황룡, 윈난성의 쿤밍까지 세계에서 네 번째로 넓은 땅을 가진 중국 곳곳을 두 발로 누볐다. 모두가 아낌없는 부모님의 지원 덕분이었다. "이다음에 커서 꼭 갚을게요."라는 말을 립서비스처럼 달고 살았다.

그런데 성인이 되고, 막상 내가 돈을 벌고 있음에도 불구하고 아직까지 부모님에게 제대로 된 여행 한 번 못 보내 드렸다. 그저 나를 위해 살 뿐이었다. 심지어 최근 유럽여행을 가실 때는 타이밍을 놓쳐 용돈조차 못 드렸다. 두 분이 즐겁게 여행을 하시는 동안에도 내 마음은 '적은 금액이라도 꼭 드렸어야 하는 건데…'라는 후회로 가득 찼다. 손톱 밑 가시처럼 계속 마음이 불편했다.

"수욕정이풍부지(樹欲靜而風不止), 자욕양이친부대(子欲養而親不待)"

《시경(詩經)》의 해설서인 《한시외전(韓詩外傳)》에 나오는 문구다. '나무가 고요하고자 하나 바람이 그치지 않고 자식이 봉양하려 하나 어버이가 기다려 주지 않는다'라는 의미다. 효도를 다 하지도 못했는데 어버이를 여읜 자식의 슬픔이 묻어나는 글귀다. 효도에도 때가 있음을 이보다 잘 표현한 문구가 있을까? 유한한 인생에서 부모님께 무언가를 해 드리지 못함에서 오는 후회는 더 이상 하지 않기로 마음먹었다. 그리고 결심했다. 두 분에게 정말 잊지 못할 '여행'을 선물해야겠다고 말이다.

여행지는 전 세계로 정했다. 특히 볼리비아의 우유니 소금 사막, 아프리카의 빅토리아 폭포, 미국의 그랜드캐니언 등 유네스코가 정한 '죽기 전에 꼭 가 봐야 할 세계 10대 절경 여행지'만큼은 반드시 보내 드리고자 한다. 긴 비행시간의 고단함을 줄일 수 있게 적어도 비즈니스석 이상의 항공 티켓도 끊어 드릴 예정이다. 그리고 한두 곳 정도는 직접 모시고 가고 싶다. 어린아이처럼 좋아하실 모습을 생각하면 벌써부터 입가에 미소가 번진다. 그동안 우리 부모님은 나에게 정말 넓은 세상을 보여 주려 애쓰셨다. 이제는 그 고마움을 갚을 차례다.

나를 '우물 안 개구리'로 자라지 않게 우물 밖 세상으로 이끌어 주신 우리 부모님. 이젠 두 분의 남은 삶의 페이지들을 '여행의 아름다움'으로 채워 넣어 드리고 싶다. '사랑은 내리사랑'이라는 속담처럼 내가 부모님을 생각하는 마음이 아무리 크다 한들 두 분의 자식 사랑에는 비할 수 없을 것이다. 그럼에도 불구하고 나는 최선을 다해 두 분을 사랑하고자 한다. 그리고 조금이라도 더 많이 그 마음 표현할 수 있게, 건강한 모습으로 오래도록 곁에 머물러 주셨으면 좋겠다.

13

벤츠 S 클래스
사 드 리 기

최정훈

창업 전문가, 마케팅 전문가, 1인 창업 코치, 작가
실패자에서 창업 전문가로 재기에 성공한 경험을 나누며 '패자부활연구소'의 소장으로 활동
하고 있다. 사업 실패, 취업 실패, 직장생활 실패 등 다양한 실패로 고통받고 있는 사람들이 재
기에 성공할 수 있도록 돕는 것을 목표로 1인 창업에 대해 교육하고 있다. 저서로는《미래일
기》,《보물지도6》이 있으며, 현재 창업 관련 개인저서를 집필 중이다.
E-mail machwa@naver.com
Cafe http://www.repechagelab.co.kr

   우리 부모님은 형편이 어려워 결혼식도 못 올린 채 나를 낳으
셨다. 내가 태어나기도 전부터 시장에서 작은 전파사를 운영하셨
다고 한다. 아버지는 전기공사를 다니셨고 어머니는 아버지를 대
신해 가게에서 물건을 파셨다. 두 분이 가진 것이라고는 젊음밖에
없었기 때문에 몸을 써서 힘들게 돈을 벌어야 했다. 두 분은 그렇
게 번 돈을 함부로 쓰지 않고 모으셨다. 당시 돈을 모으기 위해
몇 년 동안 점심으로 라면만 드셨다고 한다. 그렇게 열심히 일하
고 절약해서 모은 돈으로 부동산에 과감히 투자해 지금은 남들
이 부러워하는 빌딩의 주인이 되셨다. 부모님은 젊은 시절부터 평

생을 근검절약하며 사셨다. 그게 습관이 되어서 그런지 평생 낭비 없이 아끼면서 사신다.

　내가 학생이었을 때 일이다. 어머니께서 시장에서 오리털 파카를 사 주신 적이 있었다. 당시 사춘기였던 나는 그 옷이 시장에서 구입한 것이었기 때문에 처음부터 마음에 들지 않았다. 나도 다른 친구들처럼 유명브랜드 옷이 입고 싶었지만 어머니가 사 주신 옷이기 때문에 몇 년 동안 계속 입었다. 너무 오래 입어 소매 주변이 해어져서 더 이상 안 입겠다고 했다. 그러자 어머니는 겨울 내내 그 점퍼를 입고 가게에서 일하셨다. 당시에는 그것이 아무렇지도 않았는데 나이를 먹고 성인이 된 뒤에는 그 일이 떠오를 때마다 어머니께 죄송한 마음이 든다.

　당시 나는 다른 친구들이 많이 신었던 유명브랜드 운동화가 너무 신고 싶었다. 내가 너무 갖고 싶어 하니 어머니께서는 내게 유명브랜드 운동화를 사 주자고 아버지께 말씀드렸다. 그러나 아버지께서는 "왜 그렇게 비싼 운동화를 사려고 하냐? 그게 다 낭비다. 비싼 신발 사서 1년 신는 것보다 싼 것을 신다가 닳으면 새 신발을 또 사 신는 것이 좋잖아."라고 말씀하셨다. 다른 친구들처럼 멋진 유명브랜드 신발을 신고 자랑하고 싶은 마음에 비싼 신발을 사 주지 않는 부모님을 원망했다. 이런 일이 반복되자 난 우리 집이 가난하다고 생각했다. 가난하기 때문에 비싼 옷이나 신발을 못

사는 것이라고 생각한 것이다.

그런데 한 사건을 계기로 우리 집이 다른 집보다 잘산다는 것을 알게 되었다. 나는 집과 멀리 떨어진 학교에 다니다 보니 학교 친구들을 집에 초대한 적이 없었다. 당시 아버지께서 직접 지은 상가건물에서 살고 있었는데 초등학교 5학년 때 처음 친구들과 함께 집에 갔다. 그런데 우리 집이라고 하니까 친구들이 깜짝 놀라며 이것저것 물어보는 것이었다. 그 친구들은 유명브랜드 옷과 신발을 즐겨 입던 친구들이었다. 그런데 자신들 집은 셋집이라며 나를 부러워했다. 멋지게 입고 다니는 친구네 집보다 우리가 더 부자인데 왜 가난하게 생활을 하는 것인지 어린 나는 도무지 이해할 수 없었다. 그날 이후로 나는 부모님이 아끼면서 사는 것이 너무 싫었다.

'우리 집은 부자인데 왜 이렇게 아끼면서 살아야 되나?' 어려서 철이 없던 나는 다른 친구들처럼 유명브랜드 옷 한 벌 없는 것에 불만이 많았다. 그 불만은 성인이 되어서도 계속되었다. 그래서 부모님께 이제는 이렇게 살지 않아도 되지 않느냐고 종종 말씀드렸다. 하지만 부모님은 젊어서 생활하던 습관대로 근검절약하셨다. 결혼을 하고서야 부모님에 대한 생각이 바뀌었다. 내가 막상 가장이 되고 보니 그 당시 부모님이 그럴 수밖에 없었다는 것을 알게 되었다.

부모님은 시골에서 고생하시는 부모님과 어린 동생들, 태어난 두 아들까지 챙겨야 할 식구가 많았다. 하지만 장사를 했기 때문에 고정수입이 없었다. 어떤 일이 생겨 갑자기 소득이 없어질 수도 있는 불안함 속에 하루하루를 살다 보니 아낄 수밖에 없었던 것이다. 이것을 깨닫고 난 뒤 부모님에 대한 나의 생각은 완전히 바뀌었다. '내가 과연 부모님과 같은 상황이었다면 그 무게를 감당할 수 있었을까?' 하는 마음에 존경심이 커졌다. 부모님이라고 왜 남들처럼 멋진 옷도 입고 좋은 차도 타면서 생활하고 싶지 않으셨을까? 마음은 있었지만 가족을 챙겨야 했기에 자신을 위해 쓰는 것을 포기하고 한 푼 두 푼 아껴서 모으신 것이었다. 다른 사람들처럼 버는 대로 쓰고 살았다면 지금 자수성가해서 당당하게 살지 못하셨을 것이다.

부모님은 다른 사람들이 힘들어서 기피하는 일을 오랫동안 하셨다. 아버지는 젊어서부터 전기공사를 하시며 어깨너머로 목수, 미장 등 건축 일을 배워 지금은 집 짓는 데 필요한 기술을 거의 다 가지고 계신다. 그동안 고생을 너무 많이 하셔서 아버지의 손은 딱딱하다. 목수 일을 하시다가 사고로 손가락을 크게 다치기도 하셨다. 일 때문에 한겨울에도 오토바이를 오랫동안 타셔서 겨울만 되면 다리가 아파서 고생하신다. 지금은 힘든 현장 일을 줄이시고 회사원으로 일하고 계신다. 하지만 젊을 때 다른 사람들보다 육체적으로 힘든 일을 너무 많이 하셔서 아버지의 건강이 걱정된다.

부모님께서 운영하시던 전파사는 1년 365일 문을 닫는 날이 없었다. 명절에도 부모님이 시골에 가시면 내가 남아 영업을 했다. 어머니는 20년이 넘는 오랜 시간 동안 가게에서 일하며 젊음을 보내셨다. 내 어린 시절 기억 속의 어머니는 항상 가게에서 일을 하고 계셨다. 아침이면 영업을 위해 물건을 전부 밖에 내놓고 저녁에 다시 들여놓는 일을 평생 하셨다. 무거운 물건을 옮기는 일을 오랫동안 하시다 보니 어깨랑 무릎이 안 좋으셔서 몇 년 전에 무릎수술도 하셨다. 수술 이후 지금까지도 무릎이 불편하셔서 재활 치료를 하고 계신다.

부모님은 어려운 환경에서도 열심히 재산을 모아 자수성가하셨다. 젊은 시절 너무 어려웠기 때문에 성공하기 위해 철저하게 아끼며 살아야 했다. 평소 절약하며 살아오던 습관이 몸에 배어 아직도 근검절약하신다. 이제는 편하게 사셔도 되지만 자식들 걱정에 지금도 젊으셨을 때처럼 열심히 사신다. 좋은 차와 좋은 옷을 사는 것을 낭비라 생각하시기 때문에 좋은 것을 누리지 못하셨다. 내가 아무리 편히 사시라 말씀드려도 부모님께서는 평생 동안 살아온 습관대로 사신다.

이젠 부모님을 설득하는 것이 아니라 나의 생각을 바꾸었다.

큰아들인 내가 성공해서 좋은 차, 좋은 옷을 선물해 드리고 많은 것을 누리면서 사실 수 있도록 해 드리겠다고 마음먹었다. 먼저 안전에 중요한 자동차를 사 드리고 싶다. 부모님께서는 지금 아버지가 일할 때 쓰시는 트럭을 타고 다니신다. 아직도 불편하게 트럭을 타고 다니시는 부모님을 볼 때면 마음이 아프다. 내가 벤츠를 사 드리면 그 차로 여행도 다니시면서 즐겁게 사셨으면 좋겠다.

나는 그동안 여러 사업들을 했지만 보기 좋게 망하고 말았다. 직장생활도 어려워지면서 아직도 부모님께 많은 도움을 받고 있다. 현재 부모님에게 용돈도 제대로 못 드리면서 벤츠를 사 드리고 싶다고 말씀드리면 우리는 좋은 차 필요 없으니 돈 아끼라고 하실 것이다.

내가 그동안 해왔던 사업이 성공하지 못해 부모님께 걱정을 끼쳐 드렸지만 새로 시작한 사업은 자리를 잡아 가고 있다. 몇 년만 지나면 부모님께 어울리는 벤츠 S 클래스를 꼭 선물해 드릴 수 있을 것이다. 부모님께서 좋은 차를 타고 즐거운 마음으로 여행도 다니시고 최고 좋은 것들을 누리면서 사시길 희망한다.

14

부모님이 바라시는 대로 크게 성공하기

최형선

인디게임 개발사 '유데브앱' 대표, 게임 개발 강사, 작가
게임과 앱 개발사에서 직장생활을 하다가 꿈꿔 오던 게임 개발사를 창업했다. 모바일 게임
'치요의 초급한자', '치요의 초등 영단어'를 구글플레이와 애플스토어에 출시했다. 네이버 카
페 '게임개발연구소'를 운영하며 게임 개발에 대한 내용을 교육하고 있다. 현재 인디게임 개
발에 관련된 개인저서를 집필 중이다.
E-mail sun@udevapp.com
Cafe http://cafe.naver.com/udevgame
Blog http://blog.udevapp.co.kr

내가 어렸을 때 아버지는 사진관을 운영하며 많은 돈을 번 뒤 신발공장을 세우셨다. 그래서 내 어린 시절은 꽤나 유복했다. 부모님은 내가 원하는 것은 무엇이든 사 주셨다. 세발자전거를 10개 넘게 잃어버렸어도 혼난 적이 없다. 그래서 어린 마음에 살짝 이런 이기적인 생각을 했었다.

'이렇게 편하게 사는 것이 인생인가. 그렇다면 부모님 덕을 보고 재롱을 부리면서 마음 편히 즐기며 살아야겠다.'

이러한 생각이 바뀌는 데는 오랜 시간이 걸리지 않았다. 부모님께서 운영하시던 신발공장이 망했기 때문이다. 그 이후로도 몇 번을 망했다. 먹고살 만해지면 망하고, 다시 먹고살 만해지면 또 망했다. 망한 이후 집안 분위기는 백팔십도로 바뀌었다. 아버지는 매일 술을 먹고 들어오셔서 울분에 차 몇 시간이고 잔소리를 하셨다.

어머니는 나의 일거수일투족을 간섭하며 나를 힘들게 하셨다. 초등학생 때 친구와 말다툼을 한 적이 있었다. 속상한 마음에 어머니에게 이야기했다. 어머니는 그 친구의 이름을 기억해 두었다가 나중에 놀러 온 친구에게 갖은 무안을 주며 혼냈다. 고등학교 시절에는 축제 때 입을 옷을 사기 위해 돈을 달라고 했더니 학교로 찾아와 선생님에게 무슨 일이 있는지 물어보셨다. 열거하자면 끝이 없을 정도다. 내 인생인데 왜 어머니가 결정해 주려고 하는지 이해할 수가 없었다. 대학교에 가면서 집을 나왔다. 시간은 흘러갔고 어느새 나는 40대가 되었다.

나의 꿈은 멋진 게임을 만들어 돈도 많이 벌고 사회적으로 유명한 사람이 되어 우리나라를 위해 봉사하는 것이다. 과거 10여 년간 꿈을 위해 낮에는 일하고 밤에는 공부와 게임 분석을 했으며, 주말에는 관련 교육을 받았다. 여름휴가에는 T아카데미에서 5일 동안 교육을 받았다. 성공학과 인간관계에 관련된 책도 읽고 강의도 들었다. 어느 정도의 지식이 쌓이게 되니 부모님이 그렇게 행동하셨던 이유를 알게 되었다.

성공하지 못했다고 생각한 부모님은 내가 당신들처럼 되지 않기를 바라고 계셨다. 못 배우고 못 입으며 살아온 것이 싫어 자신의 분신인 아들은 잘 살았으면 하고 바라신 것이다. 자식에게 자신을 투영해 바라는 것을 이루려 하셨던 것이라고 말하고 싶은 생각은 없다. 그것이 나쁘다고 말하고 싶은 생각도 없다. 부모에게 있어 자식이 잘되기를 바라는 마음이 바로 사랑이기 때문이다.

나는 종종 어떻게 해야 부모님을 기쁘게 해 드릴 수 있을까, 생각한다. 효도에 대해 감명 깊게 들은 이야기가 있다.

어떤 선비가 소문난 효자가 있다는 이야기를 듣고 수소문 끝에 그를 찾아갔다. 그런데 어머니가 그 아들의 발을 씻겨 주고 계신 것을 보았다. 선비는 매우 노해서 "이런 불효막심한 놈, 부모님께 발을 씻기도록 하는 이런 배은망덕한 놈을 어떻게 효자라고 할 수 있나!"라고 말했다. 그러자 그 아들은 "이게 부모님이 제일 원하시는 일입니다."라고 말했다.

그렇다. 부모님이 원하는 일을 해 드리는 것, 그것이 효도다.

하지만 내가 싫어하는 부모님의 잔소리를 잘 들어 준다고 해서 그것이 진정한 효도일까? 아니다. 잔소리를 그냥 참고 듣는 것은 싫으면서 억지로 하는 일에 지나지 않는다. 나의 부모님은 열 번을 망하고 마흔 번을 이사하시면서도 결코 포기하지 않으셨다. 그런 분들에게 내가 해 드릴 수 있는 것은 단 하나다. 바로 성공 이다. 한국에서 그리고 세계에서 이름을 날리는 아들을 보여 드릴 것이다.

사람은 살다 보면 나이를 먹고 죽게 된다. 부모님이 돌아가시 기 전에 성공하는 모습을 보여 드리고 싶다. 그것이 인생에서의 성공이자 효도라고 생각한다.

나는 현재 게임을 개발하고 있다. 어릴 적의 꿈을 놓지 않았 다. 나의 마음속에는 이미 성공이 자리 잡고 있지만 아직 현실세 계에는 나타나지 않았다. 성공을 위해 하루하루를 열심히 살아가 고 있다. 의식개발을 위해 매일 책을 읽고 명상하며 몰입해서 일 하고 있다. 특히 '부자로 성공한 모습을 매일 확신하고, 부족한 현 실을 집중과 노력으로 채워 나간다면 반드시 성공한다'라는 내용 을 담고 있는 오리슨 S. 마든의 《부의 비밀》은 내가 가장 감명 깊 게 읽은 책이다.

나는 부자로 성공한 모습을 확신하며 미래의 내가 되어 부모 님께 편지를 적었다.

아버지, 어머니. 저는 대한민국의 스티브 잡스가 되었습니다.

가진 것 없이 살아서 아들이 당신들처럼 힘들게 살지 않을까 노심초사하셨지요? 제가 성공해 조 단위의 돈을 벌었으니 이제는 고생하지 않으셔도 됩니다. 저를 낳고 길러 주셔서 감사합니다. 당신들의 아들이 이렇게 성장해 세상에서 가장 유명한 사람이 되었습니다. 사랑합니다.

2019년 9월 30일 아들 최형선 올림

그리고 부족한 현실을 집중과 노력으로 채우기 위해 버킷리스트를 작성했다.

1. 2016년에 두 권의 공저를 출간한다.
2. 2016년 12월까지 나의 게임을 3개 올린다.
3. 2017년 1월에 개인저서를 출간한다.
4. 2017년 3월에 블로그와 카페에 고액강의를 올려 수입을 거둔다.
5. 2017년 6월에 또 다른 게임을 만들어 올려 성공한다.
6. 2019년 9월 30일에는 성공한 내가 된다.

내 꿈이 이루어지면 부모님께서는 친구분들에게 "최형선이라고 아느냐? 우리 아들이고 성공한 사람이다."라고 자랑하실 것이다. 그 모습을 보게 된다면 쑥스러워서 무슨 짓을 하시는 거냐고 할지도 모른다. 하지만 그것으로 좋다. 사람은 쉽게 바뀌지 않는다. 부모님의 잔소리는 쉽게 그치지 않을 것이다. 나도 그런 간섭이 좋아지지는 않을 것이다. 하지만 내가 마음먹은 일을 해내는 것은 그리 어렵지 않은 문제다.

고(故) 스티브 잡스는 "세상을 바꿀 수 있다고 생각하는 미친놈이 세상을 바꾸는 법이다."라고 말했다. 나는 다음과 같이 세상에 선포한다.

"나는 돈을 많이 벌어 대한민국에 필요한 위대한 인물이 될 것이다. 그렇게 부모님께 효도할 것이다!"

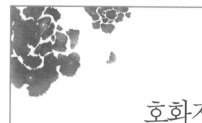

15

산속에
호화저택 지어 드리기

김나리

뷰티 컨설턴트, 작가, 시인
평범함을 거부한다. 어릴 때부터 학교 밖을 맴돌며 공부 대신 미용을 배웠다. 남다른 손재주로
뷰티스타일리스트학과를 졸업하고, 현재 메이크업 관련 저서를 집필 중이다.
E-mail cutenari89@naver.com
Blog http://blog.naver.com/cutenari89

우리 부모님은 맞벌이를 하시느라 항상 바쁘셨다. 네 살 터울의 여동생과 나를 남겨 두고 아침 일찍 집을 나서셨고, 밤늦게야 집에 들어오셨다. 딱히 터놓고 이야기를 한다든지 소통을 할 만한 시간이 여의치 않아서, 아버지고 어머니고 나에겐 너무나 먼 존재였다. 두 분의 사이 또한 좋은 편이 아니어서 부모님이 집에 들어오실 시간이 되면 눈치를 보며 방구석에 처박혀 있기 일쑤였다. 그러나 한평생을 의류업에 종사하신 부모님은 넉넉하지 않은 형편에도 동생과 나에게 가진 것 이상으로 많은 것을 주시려고 애쓰셨다. 그런 부모님의 헌신을 잘 알기에 아버지와 어머니를 떠올릴 때면 가슴이 먹먹해져 온다. 자식에 대한 부모님들의 사랑을 '내리사랑'이라고 한다. 무조건적인 부모님의 사랑은 자식들이 한 평생을 다 바쳐도 갚지 못할 것이다.

얼마 전 부모님께서 도시에서의 생활을 청산하고, 충북 제천 으로 내려가 자연인으로서의 삶을 시작하셨다. 아직 미혼인 나와 여동생은 갑작스레 부모님을 떠나보내고(?) 한동안 공허하고 쓸쓸 했다. 부모님의 결정을 반대할 수 없었던 이유는 도시생활에 너무 도 지쳐 버린 어머니 때문이었다. 어머니는 시간이 날 때면 홀로 산과 들로 나들이를 갈 정도로 자연을 사랑하셨다. 그리하여 우 리 자매는 흔쾌히 부모님을 충북 제천으로 보내 드렸다. 나도 가 끔 짬이 날 때는 제천으로 내려가 자연에서 모든 것을 잊고 부모 님과 함께 힐링의 시간을 보낸다.

그러나 도시에서만 자라 자연과 친하지 않은 나에겐 불편한 점이 한두 가지가 아니다. 화장실도 여의치 않고(얼마 전 설치했다), 와이파이도 없으며 벌레도 많다! 주변엔 논과 밭, 허허벌판뿐이 다. 그리고 부모님의 집은 산 중턱에 있어 오가기도 힘들다. 평상 시 등산이라면 칠색 팔색 하는 나에게는 고난이다. 게다가 눈이 나 비가 오는 등 조금이라도 날씨가 궂은 날이면 더더욱 오르내리 기가 힘들다.

그렇지만 좋을 때도 많다. 부모님을 만나러 제천에 갈 때면 마치 소풍 가는 어린아이처럼 들뜨고 설렌다. 맑은 공기는 물론이거니와 도시생활에서 잃어버린 여유와 활력을 되찾고 재충전하는 시간을 보낼 수 있기 때문이다. 그래서 생각보다 적응하는 데 오랜 시간이 걸리지 않았다.

그러던 어느 날 나름대로 잘 살고 있던 우리 가족에게 큰일이 생겼다. 온 가족의 주머니를 털어 제천 산 중턱에 부모님이 살 집을 짓기 시작했는데, 동네 주민의 신고로 시청 직원이 감찰을 나온 것이다. 결국 불법건축물 판정을 받아 80% 완공되었던 집을 부술 수밖에 없었다. 비포장도로가 깔리지 않은 곳의 건축물은 법적으로 짓지 못하게 되어 있다. 그러나 암암리에 다들 집을 짓고 산다고, 별 문제 없겠지 하며 대수롭지 않게 넘긴 것이 화근이었다. 도시에서 이사 온 타지 사람들이 합법적이지도 않은 큰 집을 짓겠다고 동네 시끄럽게 일을 벌인 것이 주민들에게는 납득이 되지 않았던 것 같다. 별다른 방책 없이 우리 가족은 속수무책 다 지은 집을 허물었다. 쓸 일 없는 자재만 잔뜩 남긴 채 마음의 상처를 입고 상황은 종료되었다.

전 재산을 털어 물심양면으로 부모님의 집 짓기에 투자한 나도 기분이 상했다. 하지만 부모님에 비하면 아무것도 아니었다. 특히 아버지는 집을 짓는 동안 자주 설계도를 보여 주며 어린아이처럼 신나게 방 구조에 대해 설명을 해 주곤 하셨다. 그런 아버지의 모습을 생생하게 기억하기에 상심이 얼마나 크셨을지 짐작조차 가지 않아 나는 조금의 서운한 티도 낼 수 없었다.

그 일이 있은 뒤 한동안은 서로가 조심스러워서 연락조차 마음 편히 할 수 없었다. '회복하지 못하면 어떡하지?'라는 걱정도 되었다. 하지만 시간이 지나자 언제 그런 일이 있었냐는 듯이 모든 것은 차츰 제자리로 돌아갔다. 부모님은 웃음을 되찾으셨고, 나와 동생도 덤덤해졌다. 우리 가족은 다시 희망을 품기 시작했다.

지금 부모님은 산속 비닐하우스에서 생활하고 계신다. 능력 좋은 아버지 덕분에 비닐하우스지만 여느 집 못지않게 잘 꾸며져 있다. 화장실도 있고, 난방시설도 잘되어 있다. 한동안은 걱정을 많이 했지만, 몇 번 다녀온 뒤로는 더 이상 걱정하지 않는다. 우리 가족에게는 희망이 있기 때문이다.

그리고 원래 짓기로 한 집에 나의 작업실을 마련해 주려고 하셨던 아버지께서는 비닐하우스 옆에 나만의 공간으로 컨테이너를 마련해 주셨다. 작지만 너무 마음에 든다. 사방이 큰 창으로 되어 있고 나무들로 둘러싸여 있다. 컨테이너 문 앞에는 내 이름이 쓰인 명패가 걸려 있으며 주소도 있다. 나만의 작업실이 생기자마자 나는 그곳에 걸맞은 책상과 의자를 주문하고 책으로 가득 채워놓았다. 컨테이너지만 너무 아늑하고 갈 때마다 마음에 평안을 줘서 시간이 날 때면 일부러라도 부모님을 찾아간다.

나는 그 사건이 있은 뒤 보란 듯이 부모님께 더 호화스러운 저택을 지어 드리고 싶어졌다. 물론 합법적인 방법으로 정정당당하게 말이다! 이전에 짓던 집과는 비교가 되지 않을 만큼 더 크고 멋진 집을 선물해 드리고 싶은 욕심이 생겼다.

일어날 일만 일어난다고 한다. 이번 일은 더 큰 집을 지으라는 우주의 계시다. 우리 가족은 시련 속에서 삶을 배우고 성장했다. 이제 우리는 더 큰 꿈을 꾸고 있다. 먼저 부모님이 시작하신 양봉 사업이 정착되기를 바란다. 나는 집을 짓는 데 문제가 되는 것들부터 차근차근 해결할 것이다. 비포장도로가 없는 것이 문제라면 어디든 설치해 드릴 것이고, 열심히 민원을 넣어 부모님이 계시는 곳까지 인터넷 선을 끌어다 놓을 것이다.

부모님께서 고생스럽던 도시생활을 청산하고 새 출발하러 내려온 자연에서의 삶을 최대한 편안하고 행복하게 만들어 드리고 싶다. 그리고 반드시 그렇게 만들어 드릴 것이다. 비참했던 사건을 발판으로 오히려 더 크게 성공해 '그땐 그랬었지'라고 웃으며 말할 날이 오기를 손꼽아 기다리며 기대한다.

"아버지, 어머니. 그동안 고생 많으셨습니다. 제가 꼭 성공해 멋진 집 만들어 드리고, 평생 효도하겠습니다."

16

이혼 후 따로 사시는
부모님께 집 마련해 드리기

김홍석

수학 강사, 동기부여가, 강사 코치, 자기계발 작가, 성공학 강연가
'나의 꿈을 위하여'라는 마음으로 삼성전자를 퇴사하고 5년 만에 수학 강사로 억대 연봉을 달성했다. 제자들에게는 꿈과 희망을 주는 동기부여가로, 강사로 성공하고 싶은 사람들을 돕는 코치로 활동 중이다. 꿈을 찾아 주고 실현해 나가는 데 도움이 되는 'Dream Academy' 설립이 목표다. 공저로는 《되고 싶고 하고 싶고 갖고 싶은 38가지》가 있으며, 현재 억대 연봉을 꿈꾸는 강사들을 위한 개인저서를 집필 중이다.
E-mail king-dream@naver.com
Cafe http://cafe.naver.com/elysiumrp

나는 어릴 때 우리 집이 가난하다고 생각해 본 적이 없다. 충분히 화목하다고 느꼈다. 하지만 1997년 IMF 경제위기가 터지고 아버지의 사업이 완전히 실패하면서 서서히 그 화목도 슬픔이 되고 분노가 되었다. 나와 동생은 물론 친척들까지 아버지의 사업으로 생긴 빚을 줄이기 위해 노력했으나 뜻대로 되지 않았다. 결국 부모님은 이혼하셨다. 가족의 화목은 이렇게 없어지는 줄 알았다.

어린 시절 일주일에 한 번은 집 옥상에서 가족끼리 고기를 구워 먹었다. 작은아버지가 직접 양념장에 재워 온 불고기며, 장어

등 매주 다양한 메뉴의 음식을 먹으며 함께 행복한 밤을 보냈다. 당시 우리 집은 인테리어를 하시던 작은아버지가 직접 지으셨다. 이층집의 1층은 우리가 살고, 반지하와 2층은 전세를 줄 정도로 경제적으로 부족하지 않았다.

아버지는 당시 크게 유행하던 대입 입시학원의 원장이었다. 아버지의 친구분도 영등포와 목동에서 학원을 운영해 크게 성공하셨는데 그분의 영향을 많이 받으셨다. 학원 오픈 기념식 때 큰 공작새 모양의 얼음 조각과 출장 뷔페 음식을 바라보며 나는 우리 집이 굉장한 부자라고 생각했었다. 학원의 규모는 컸다. 학생도 많았고 나름 성공한 학원의 모습을 갖춰 갔다.

하지만 당시 고등학생이었던 나는 학원장 아버지가 탐탁지 않았다. 당연히 나는 아버지의 학원을 다녀야 했고 셔틀버스 대신 아버지가 항상 데리러 오셨다. 즉, 도망갈 구멍이 없었다. 가끔은 학원을 가기 싫어 학교에서 돌아오면서 집 주변을 한 시간 정도 배회한 적도 있었다. 하지만 나의 개인 셔틀버스 아버지는 끝까지 기다리셨다. 결국 자의 반 타의 반으로 학원을 꾸준히 다녔고 공부를 열심히 해서 좋은 대학교에 입학했다.

아버지의 학원은 은행에서 받은 많은 대출을 받아 시작했는데, 이듬해 IMF 경제위기로 대출 이율이 엄청 높아져 문을 닫게되었다. 집도 처분하고 전셋집으로 이사를 갔다. 이때까지도 이른

바 '망했다!'라는 느낌은 없었다. 왜냐하면 이사를 간 집도 그리 나쁘지 않았기 때문이다. 사업이 망하면 대개 반지하나 월셋집으로 이사를 가는 경우가 허다했기 때문이다. 나중에 알고 보니 할머니를 편하게 모실 수 있는 곳을 찾아 다소 무리해서 큰 집으로 이사했던 것이었다.

온 가족이 빚을 갚기 위해 치열하게 살았다. 동생은 전문대학교를 졸업하고 취직해서 받은 월급을 살림에 보탰다. 나도 대학 졸업과 동시에 삼성에 입사했다. 어머니도 식당에 나가 일을 하셨고 아버지도 작게나마 일을 하시면서 빚을 갚아 나갔다. 그런데 몇 년을 갚아도 빚이 줄고 있다는 느낌은 없고 오히려 더 상황이 나빠지고 있었다. 내가 보낸 돈을 아버지는 더 큰돈으로 만들기 위해 주식을 하고 사업을 확장해 나갔던 것이다. 하지만 잘된 것은 아무것도 없이 온 가족이 모아 온 돈은 한순간에 사라지기를 반복했다.

결국 어머니는 이혼을 결정하셨다. 밤마다 아버지의 한숨 소리에 어머니도 제대로 잠을 못 주무셨다. 게다가 여러 친척들에게까지 많은 돈을 빌리고 갚지 못하는 상황이 이어졌기에 더 가다가는 다 죽게 될 거라고 예상하신 것이다.

부모님은 이혼 후 어머니는 작은 원룸에서, 아버지는 고시원에서 각각 살고 계신다. 어머니의 원룸에 갈 때마다 어머니는 그래도 이제는 마음은 편하다고 하시지만, 나는 그렇지가 않았다. 한때는 꿈과 소망이 넘치는 멋진 소녀였고, 화목한 가정과 집을 원하셨을 어머니이기 때문이다. 함께 여행도 다니고 손주도 보면서 즐겁게 하루하루를 사실 것을 원하실 것이다. 아버지도 다르지 않을 것이다. 나는 몇 년간 아버지와 연락을 끊었고 어머니하고만 연락하고 찾아뵈었다.

예상하지 못했던 일은 부모님이 이혼하시면서 친가 친척들과의 만남이 끊겼다는 점이다. 할머니도 만나 뵐 수 없었다. 이제 할머니는 아흔 살이 넘으셨다. 어릴 때 할머니께서 정말 많이 사랑해 주시고 챙겨 주셨는데, 잘해 드릴 수 있는 여유가 생긴 지금 그러지 못하고 있다. 이렇게 시간은 허무하게 흘러갔다.

그러던 어느 날 〈한책협〉이라는 퍼펙트아카데미를 알게 되었다. 〈한책협〉의 대표 김태광 코치가 직접 강의하는 〈의식 성장〉 수업을 듣고 있었는데 그곳에서 충격적인 의식 성장의 기회를 접했다. 김태광 코치는 "부모를 욕하지 마라. 스스로 경험하고 체험하기 위해 전생에 내가 부모를 선택한 것이다."라고 말했다. 순간 가슴이 뜨거워지는 것을 느꼈다. 부모님의 사업 실패와 이혼 등이 모두 내가 어려움 속에서 성장하기 위해 선택한 것임을 마음으로 깨달을 수 있었다.

오랜 시간 아버지를 비난했었다. 아버지의 행동과 사업들이 가족보다 자신을 위한 것이라고 여겼던 어리석은 생각들로 가득했다. 힘들어 하는 어머니를 보는 것도 마음이 아팠다. 그냥 다 버리고 혼자 살고 싶은 생각뿐이었다. 괴로웠다. 효율적으로 빚을 처리하지 못한 아버지가 미웠다. 또한 그런 아버지를 바로 옆에서 보고만 있던 어머니도 이해하기 힘들었다.

그러나 그동안의 고민과 분노가 한순간에 사라졌다. 가슴을 울리는 단 한마디의 말과 시간으로 나는 새롭게 깨어났다. 다시 이전의 화목한 가족으로 돌아갈 수 있음을 느꼈다. 내가 그 역할을 해야 한다는 소명을 깨달았다. 더 이상 아버지, 어머니를 작은 원룸과 고시원에 계시게 할 수는 없었다. 나를 낳아 주고 키워 준 것에 대해 보답하려는 것이 아니다. 나는 무조건 그래야만 한다. 우리 가족은 다시 함께 옥상에서 행복하게 고기를 구워 먹을 수 있다.

우리 집은 특별했다. 아버지 위로 누나가 있기는 하지만, 아들인 아버지가 할머니와 할아버지를 모시고 살았다. 명절이면 많은 친척들이 모두 우리 집으로 모였다. 다 같이 차례를 지내고 밤새도록 시간 가는 줄 모르고 행복한 시간들을 보냈다. 명절 전날부터 온 가족이 모여 전을 부치고 음식을 만들었다. 전을 부치던 어머니 옆에서 얻어먹던 동태전의 맛을 아직도 잊을 수 없다. 아버지는 수산시장에서 대게와 대하를 가득 사 오셨다. 삶는 데만 몇 시간이 걸렸다. 비닐하우스에서나 사용하는 넓은 비닐을 거실 바닥에 깔고 그 위에 삶긴 대게와 대하를 놓았다. 그 주변에 온 가족이 둘러앉아 맛있게 먹었다. 맛도 최고였지만, 20명이 넘는 가족들과의 축제 분위기가 더욱 멋졌다.

내 인생 최고의 바다낚시를 간 적이 있다. 새벽 3시에 일어나 서해안으로 바다낚시 배를 타러 갔다. 새벽 4시에 배에 올라 2시간을 먼바다로 나갔다. 낚싯줄을 그냥 바다에 넣기만 해도 30cm가 넘는 우럭이 잡혔다. 그렇게 잡은 고기를 선장이 바로 회를 쳐서 세숫대야만 한 그릇에 넣고 초장을 뿌린 뒤 비볐다. 회를 수저로 떠먹었는데 그 식감은 정말이지 최고였다. 그날 잡은 고기의 양이 대형 아이스박스로 3개나 되었다. 바다 위 선상에서 먹은 회맛, 그 잊지 못할 순간을 나의 가족들과 함께했다.

그때는 그러한 일상이 얼마나 소중한지, 이렇게 쉽게 사라질지 몰랐다. 명절이 끝나고 친척들이 모두 돌아가 넓은 거실에 혼자 남았을 때의 기분이 계속 이어지리라고는 생각도 못했다.

가족을 위한 소명으로 제일 먼저 부모님에게 집을 구해 드리기로 결심했다. 큰 집까지는 필요 없다. 두 분이 아무 걱정 없이 편하게 지낼 수 있는 방 3개짜리 아파트면 될 것이다. 할머니도 다시 모실 것이다. 생각해 보면 우리는 단 한 번도 아파트에서 살아 본 적이 없다. 개인적으로 연립주택, 빌라보다 아파트가 쾌적하고 살기 좋다고 느껴졌다.

집을 마련해 드린 뒤 자연스럽게 두 분의 재혼을 진행할 것이다. 자식의 마음으로 재혼을 권해 드리기는 하겠지만, 두 분의 마음이 혼란스러울까 봐 고민된다. 어머니가 오랜 살림으로 힘들었다가 혼자 지내는 것이 더 편하다고 말씀하셨기 때문이다. 아버지도 연락을 끊은 뒤 어떤 마음으로 지내시는지 모른다. '혹 두 분이 재혼을 원하지 않으시면 어떻게 하지'라는 생각이 들기도 하지만, 일단 나의 끌어당김으로 실행할 것이다. 의심과 불안한 마음은 지우고 행복과 긍정적인 생각만 할 것이다.

집을 구한 뒤 부모님이 재혼을 하신다. 할머니도 다시 모시게 된다. 이후 2년 안에 더 큰 집으로 이사를 간다. 명절이면 온 가족이 모일 것이기 때문이다. 우리는 맛있는 명절 음식을 만들어 먹고 밤이 깊도록 대화를 나눌 것이다. 하루하루 멋진 추억과 사랑이 충만한 시간을 만들 것이다. 가족은 함께 있고 이 세상에 존재하는 것만으로도 힘이 되고 위안이 될 수 있다. 이전의 행복한 가족을 만드는 것이 나의 소명이고 축복이다.

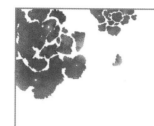

가족 모두가
롤렉스 시계 차기

이명호

크로스핏 코치, 동기부여가, 작가
군대에서 누구보다 치열하게 꿈을 키우고, 운동을 하며 자기계발을 했다. '주 3시간 운동법'을
기획해 운동하는 라이프스타일을 전수하고 있다. 또한 꿈이 없는 청년들을 위한 마인드 코칭
및 컨설팅을 진행하며 전역을 준비하는 사람들을 위한 진로 컨설팅을 기획 중이다. 저서로는
《군 생활 자기계발 비법》이 있다.
E-mail noble_raven@naver.com
Blog http://www.blog.naver.com/noble_raven

우리 집은 늘 가난했었다. 그런데 나는 이상하게도 가난에 대
해 불평한 적이 없다. 스무 살까지 '부자가 되고 싶다'라는 생각을
한 번도 하지 않았다. 그냥 주어진 환경에 순응하고 살았다. 어릴
적 나는 친구들과 놀 때 항상 얻어먹는 것을 당연하게 생각했다.
당시에는 얻어먹는 것에 대해 부끄러움조차 느끼지 못했다. 친구
들은 나에게 떡볶이를 사 주고 PC방 요금도 내주었다. 심지어는
잘사는 친구의 집에서 자주 잠을 잤다. 그 이유는 맛있는 것을 먹
을 수 있었기 때문이다. 친구 집에 가면 친구의 어머니가 항상 맛
있는 것을 주었다. 집에서는 좀처럼 먹지 못하는 피자, 치킨, 돈가

스 등을 먹을 수 있었다. 나는 집에서 어머니가 해 주시는 반찬에 만족하지 못했다. 늘 똑같은 반찬이었기 때문이다.

지금 생각해 보면 나는 이곳저곳 돌아다니며 부끄러움도 없이 얻어먹는 것을 당연하게 여겼던 것 같다. 중학교 때도 마찬가지였다. 늘 형편이 나은 친구가 나에게 계속 무엇이든 사 주었다. 지금 생각하면 빈자의 사고를 가지고 있었던 것 같다. 남에게 얻어먹어 가면서 항상 돈이 없어 동정받는 것을 즐기기까지 했다. 그때 나는 항상 '어떻게 하면 또 얻어먹을 수 있을까?'라는 생각을 가지고 있었다. 그때까지는 이것이 내 부의 길을 막고 있다는 생각을 하지 못했다.

어린 시절의 나는 참 바보같이 긍정적이고 밝은 아이였다. 중학교 때는 집안사정이 더욱 어려워져서 집에 빨간딱지가 붙었다. 당시 아버지가 사업을 하셨는데 망해 버린 것이었다. 나는 그 의미를 알고 있으면서도 이상하게 심각하게 생각하지 않았다. 어머니와 아버지는 크게 다투셨다. 어머니는 그 일들을 수습하기 위해 백방으로 뛰어다니셨다. 어머니의 성격은 원래 여리고 착하기만 하셨는데 일을 수습하다 보니 억척스럽고 독해지셨다.

그런데 나는 그 상황 속에서도 나만 생각했다. 철이 없었다고 해야 할까. 나는 천성적으로 느긋한 성격이었다. 그래서 가난에 대한 콤플렉스도 느끼지 않았다. 그렇다고 부자가 되기를 바란 것도 아니었다. 부자에 대한 생각조차 하지 않았다. 그래서 가난에 대해서 부모님께 불평한 적은 없었다.

그렇게 아무 생각이 없던 내가 고등학교 2학년 때 갑자기 육군사관학교를 가겠다고 선언하자 부모님은 너무나 좋아하셨다. 등록금이 들지 않을뿐더러 모든 의식주를 해결해 주고 심지어 품위유지비 명목으로 용돈도 지급하기 때문이었다. 그리고 졸업 후에 안정적인 장교라는 지위까지 보장되니 이보다 더 나은 선택은 없었다.

부모님이 너무나 좋아하시기에 나도 신이 나서 공부에 몰입했다. 당시 성적은 그다지 높지 않았지만 합격한다는 생각으로 공부했다. 다른 친구는 두발단속을 피하며 머리를 기를 때 나는 3mm 반삭발을 했다. 그런 내 자세가 마음에 드셨는지 엄하셨던 담임선생님은 나에게 장학금을 주셨다.

하지만 턱없이 실력이 부족한 탓에 사관학교에 떨어지고 말았다. 부모님에게는 당연하게 재수를 하겠다고 말씀드렸다. 그러나 재수를 하고도 사관학교에 떨어졌다. 이때 부모님의 실망감은 더없이 컸고 나 또한 스스로에게 많이 실망했다. 우리 집은 가난했기에 장남에 대한 기대가 컸다. 특히 당시 아버지가 느꼈을 실망감은 컸을 것이다. 학사장교로 복무하고 2년 넘게 생활하고 있는 지금도 아버지의 카카오톡 프로필 사진은 임관식 때 내가 정복을 입고 아버지와 함께 찍은 사진이다.

그런 죄책감에 대학교에 다닐 때부터는 부모님께 용돈을 아예 한 푼도 받지 않았다. 대학교를 다니는 동안 늘 아르바이트를 2개 이상 했다. 단 한 번도 편하게 대학생활을 하지 못했지만 부모님에 대한 내 죄책감을 그나마 해소해 주었다. 내 마음 깊은 곳에는 늘 자수성가해서 부모님께 자랑스러운 아들이 되고 싶다는 열망이 가득했다.

대부분의 또래들은 현실적이다. 막연하게 '성공하겠다'라는 생각보다 눈에 보이는 공무원, 명문대 편입, 공기업 등 그 상황에서 갈 수 있는 길들을 모색했다. 이때 나는 현실 대신 이상을 택했다. 내가 남들과 똑같은 길을 가서는 어차피 결코 크게 성공하지 못할 것이기 때문이다. 나는 성공하더라도 크게 성공하는 것을 원했다.

지금 나는 오로지 내 앞길만을 생각하고 있다. 할머니가 치매에 걸리셔서 집안 분위기가 어둡지만 나는 영향을 받지 않기 위해 노력하고 있다. 냉정하게 느껴지겠지만 내가 걱정한다고 해서 달라지는 것이 없다고 생각했다. 어설프게 걱정하는 것보다는 내가 먼저 성공하는 것이 옳다고 판단했다. 반면 아버지는 장남이기 때문에 친척들로부터 할머니를 제대로 못 모신 것에 대해서 암묵적인 압박을 많이 받는다. 우리 가족은 친척들 사이에서 크게 기를 펴지 못한다. 왜냐하면 사업 때 빌렸던 빚이 아직까지 남아 있기 때문이다. 그래서인지 아버지는 사람 좋은 웃음을 지으시지만 왠지 기를 펴지 못하신다. 어린 시절 마냥 커 보였던 아버지의 등이 이제는 기가 죽어 작아진 듯한 모습에 왠지 모르게 슬프다.

나는 누구보다 당당하게 자수성가할 것이다. 명문대학교, 안정적인 직장에 가지는 못했지만 1인 기업가의 길을 걸어갈 것이다. 그래서 젊은 나이에 기하급수적으로 성공할 것이다. 명절에 멋진 외제차를 타고 당당하게 어깨를 펴고 할아버지 댁에 갈 것이다. 그리고 친척들 앞에서 나의 성공에 대해 당당하게 말하며 아버지의 기를 팍팍 살려 드릴 것이다. 아버지가 나의 성공으로 인해 당당하게 기를 펴고 사셨으면 좋겠다.

내가 부모님께 꼭 해 드리고 싶은 한 가지를 꼽는다면 롤렉스 시계를 꼽고 싶다. 내게 롤렉스 시계는 성공의 상징과도 같다. 롤렉스 시계는 부자의 신분증이라고 생각한다. 손목시계는 반드시 필요한 물건은 아니다. 하지만 꼭 필요하지도 않은 것에 수천만 원을 쓸 수 있다는 것은 돈이 많다는 뜻이다. 그리고 롤렉스 시계를 차는 사람만이 가지고 있는 특권의식, 동질감이 존재한다고 생각한다.

래퍼 도끼는 나와 동갑이면서도 어마어마한 부를 이루어 누리며 살고 있다. 그의 가족들의 손목에 롤렉스 시계가 채워져 있는 사진을 보았을 때 내 가슴은 두근두근 뛰었다. 그가 스스로 자수성가해 부자 가문을 만들어 가고 있다는 느낌을 강하게 받았기 때문이다.

　나는 우리 가족을 부호의 가문으로 만들 것이다. 누구도 우리 가족을 함부로 대하지 못할 것이다. 나는 귀족같이 살아간다. 다른 사람들은 우리 가족을 우러러보게 될 것이다. 우리 가족은 어딜 가서도 항상 존중받고 분위기를 주도해 나간다. 그리고 의무감에 그것을 인내하며 사는 것이 아니라 원하는 대로 하고 싶은 것을 하며 즐겁게 삶을 영위해 나갈 것이다.

　우리 가족은 현명하신 어머니 덕분에 모두가 '상상하면 이루어진다'라는 우주의 법칙을 믿는다. 그것으로 인해 가족들은 보다 행복해질 수 있었다. 잘살 수 있다는 희망과 방법을 찾았기 때문이다. 이제는 그 결과를 낼 시간이다. 우주의 법칙을 이용해서 결과를 실현하고 그것을 증명하며 사는 것이 우리가 이 세상에 온 목적임을 굳게 믿는다. '가화만사성'이라는 말처럼 우리 가족 모두가 꿈꾸고 꿈을 이루며 살게 될 때 나는 더욱 행복할 것이다. 내가 그 첫 시작이 되어 롤렉스 시계를 꿈의 증표로 삼아 우리 가족의 역사를 새로 써 나갈 것이다. 우리 가족은 억만장자 가문이 될 것이다.

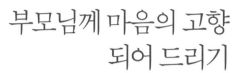

18

부모님께 마음의 고향 되어 드리기

신성호

18

18

식품영양학 박사, 건강성공학 코치, 디톡스 상담 전문가, 인체생리학 연구가, 환자영양 상담가,
(주)휴젠바이오 학술고문, (주)이롬생명과학연구소 연구원
다양한 연구를 통해 생식의 효능성에 확신을 갖고 '생식'의 대중화에 앞장서고 있다. 누구나
질병에 걸리지 않고 건강하게 오래 살 수 있도록 '똑똑맘 프로젝트'를 통해 가정의 식탁혁명
을 위한 건강 솔루션을 제공하고 있다. 학교, 병원, 기업체 등에서 현대인의 식생활과 건강 세
미나를 진행하고 있다. 논문으로는 〈생식의 대장염 및 대장암 예방효과〉가 있으며 저서로는
《하루 한 끼 생식》, 《보물지도5》, 《미래일기》, 《또라이들의 성공시대》, 《되고 싶고 하고 싶고
갖고 싶은 38가지》 등이 있다.
E-mail hoyas2@naver.com
Blog http://blog.naver.com/hoyas2

요즘 '금수저'와 '흙수저'라는 신조어가 등장해 세간의 화제였
다. 금수저란 부모의 재력과 능력이 뛰어나 어떠한 노력과 고생을
하지 않아도 풍족함을 즐길 수 있는 자녀를 의미한다. 반대로 흙
수저란 부모의 능력이나 형편이 넉넉지 못한 상황인지라 경제적
도움을 받기 어려운 자녀를 지칭하는 말이다.

나는 흙수저였다. 생활고에 부산으로 내려가신 부모님과 생이
별을 하고 청주에서 고등학교를 다녀야 했다. 나는 고등학교 1학
년 때부터 독서실 생활을 해야만 했다. 어머니가 싸 주는 따뜻한
도시락 한 번 먹어 보지 못하고 매일 빵과 우유로 주린 배를 채

왔다. 야간자율학습을 마치면 친구들은 마중 나온 부모님과 함께 집으로 돌아갔다. 그러나 나는 독서실로 향했다. 그곳이 내가 돌아갈 유일한 집이었기 때문이다. 내 인생이 너무 처량하고 불쌍하고 짜증이 났다. 이루 말할 수 없는 아픔에 왜 나에게 이런 고통을 주셨는지 하나님을 원망하며 눈물로 어두운 밤을 보낸 적이 많았다.

《21세기 자본》의 저자 토마 피케티는 "자본이 노동의 가치보다 앞서고 있다."라고 말했다. 즉, 자본력에서 뒤처진 사람이 노동만으로 부자가 되기는 어렵다는 의미다. 자본에서 멀어진 환경에서 태어난 사람은 인생의 출발부터 불리하다는 것이다. '개천에서 용 난다'라는 속담처럼 집안이 가난하더라도 공부만 잘하면 계층의 이동이 가능한 시절도 있었다. 그러나 지금 신분 상승은 과거보다 훨씬 더 어려워졌다. 자신이 가난하면 후손도 가난하게 살아갈 확률이 매우 높은 시대다.

나는 부모의 능력이나 형편이 넉넉지 못한 어려운 상황에서도 열심히 살고자 했다. 하지만 가난한 사고가 가난한 현실을 만들고 있었다. 나의 꿈은 교수였다. 꿈을 키우기 위해 대학원 진학을 희망했지만 취업을 선택할 수밖에 없었다. 나의 청춘은 절망으로 가득 찬 회색빛이었다.

그러던 어느 날 《서른여덟 작가, 코치, 강연가로 50억 자산가가 되다》라는 책을 통해 〈한책협〉의 김태광 코치를 알게 되었다. 그는 작가의 꿈을 이루기 위해 3년 반 동안 고시원에 틀어박혀서 원고 집필에 몰두했지만 수백 군데의 출판사로부터 퇴짜를 맞았다. 아버지의 갑작스러운 죽음 이후 수천만 원에 달하는 빚까지 상속받았다. 누구에게도 기댈 곳이 없었던 현실에 무너지고 좌절했다. 하지만 현실을 부정하고 탓해 봐야 상황은 조금도 나아지지 않는다는 것을 깨달았다. 인생을 바꾸기 위해서는 오직 '책 쓰기' 밖에 없다는 절실한 생각으로 책을 쓰기 위해 고군분투했다. 결국 자신의 목표대로 작가로서의 꿈을 이뤘다.

그는 "나는 시간이 갈수록 기대되는 사람이 되고 싶다. 그리고 훗날 내 인생을 돌아보았을 때 내 인생에게 부끄럽지 않은 내가 되고 싶다."라고 말한다. 특히 나의 마음을 울린 것은 "과거의 나처럼 힘든 시간을 보내는 사람들에게 포기만 하지 않는다면 반드시 꿈이 이루어진다는 것을 보여 주는 증거가 되고 싶다."라는 말이었다. 그는 절망적인 상황에서도 의식사고를 바꾸고 우주의 에너지를 이용해 금수저의 삶을 살고 있었다.

절망 가운데 희망을 이끌어 낸 김태광 코치를 만난 뒤 나의 생각은 달라졌다. 내 인생은 누구보다 현실의 어려움과 한계에 부닥쳐 수없이 좌절한 인생이었다. 하지만 고난에 끝까지 맞섰다. 그 경험을 바탕으로 꿈을 포기한 사람들에게 용기와 희망을 주며 살아가는 희망의 메신저가 되고 싶다. 지금 나는 인생에서 어려움을 만나는 것을 대수롭지 않게 여기며 오히려 축복받고 선택받은 것이라고 생각한다. 가난 속에서 모든 시련을 극복하고 당당하게 설 수 있다면 그것이야말로 진정한 희망의 증거가 된다. 하나님이 나에게 이런 운명을 주신 이유는 그 뜻을 이해하고 꿋꿋이 살아가기를 원하시기 때문이다.

대한민국 대표 MC 김성주는 아버지가 돌아가시고 삶의 의욕을 잃어버렸었다고 고백했다. 그에게 있어서 아버지는 사랑과 믿음의 근본이자 최고의 동기부여가였던 것이다. 부모는 존재만으로도 든든한 울타리가 되어 주는 '아낌없이 주는 나무'다. 부모는 존재만으로도 위대하다. 내가 비록 더뎠으나 원하는 꿈을 하나씩 이룰 수 있었던 이유는 바로 마음의 든든한 후원자 부모님이 계셨기 때문이다. 부모님은 나에게 사랑의 실체를 보여 주셨다.

나는 몸이 아프면 친정으로 달려간다. 어머니가 끓여 주시는 미역국 한 그릇이면 금방 활력이 생긴다. 좋은 일이 생기면 제일 먼저 부모님이 생각난다. 부모님은 나의 가장 큰 마음의 후원자이며 영원한 나의 편이다. 친정은 나의 보금자리이자 안식처이며 에너지충전소다. 어린아이에게는 부모가 전부다. 나는 성인이 되었지만 아직 아이다. 아직도 바다와 같이 넓은 부모님의 사랑에너지로 자라고 있기 때문이다.

나는 지금 두 아이를 키우며 육아전쟁을 치르고 있다. 자식을 누구보다 훌륭하게 가르치고 싶은 간절한 마음이 있지만 그것이 세상에서 가장 어려운 일이라는 것을 피부로 느끼고 있다. 성경의 고린도전서 13장 4~7절에는 "사랑은 모든 것을 참으며 모든 것을 믿으며 모든 것을 바라며 모든 것을 견디느니라."라고 나와 있다. 이 말씀처럼 부모님은 나에게 바다같이 넓고 깊은 사랑을 베풀어 주셨다. 심지어 잘못도 덮어 주시며 나의 그릇되고 짧은 생각도 믿어 주셨다. 내가 원하는 것을 나보다 더 간절히 바라신다.

사랑은 결국 모든 것을 견디는 것이다. 단순한 인내심으로는 해결되지 않는다. 하나님이 내게 주신 최고의 선물은 바로 사랑의 근본을 보여 주신 부모님이다. 어머니는 식당 일을 하시고 아버지는 막노동을 마다하지 않고 전국을 다니시며 우리 3남매를 사랑과 헌신으로 키워 오셨다. 나는 물질적으로 부유하지는 못했으나 부모님의 절대적인 사랑 가운데 금수저로 성장하고 있었다.

樹欲靜而風不止(수욕정이풍부지) 子欲養而親不待(자욕양이친부대)
나무는 고요하고자 하나 바람이 그치지 않고, 자식은 봉양하고자 하나 부모는 기다려 주지 않는다.

고전 《한시외전(韓詩外傳)》에 나오는 고어다. 한 번 흘러가면 쫓아갈 수 없는 것이 세월이다. 부모는 우리를 기다려 주지 않는다.

떠나면 다시는 볼 수 없는 것이 부모님이다. 칠순을 넘기신 부모님께서는 요즘 부쩍 병원에 가시는 횟수가 잦아졌다. 이미 무릎관절 손상으로 외출도 어려우시다. 함께 맛있는 음식도 먹으러 다니고 여행도 다니고 백화점 쇼핑도 하고 싶지만 그럴 수 있는 체력을 잃어버리셨다.

부모님에게서 물려받은 최고의 유산은 바로 사랑의 힘이다. 부모님은 내 삶의 최고의 스승이다. 부모님의 은혜를 갚는 것은 받은 사랑을 그대로 돌려드리는 것이다. 노약자란 보호가 필요한 사람을 의미한다. 칠순이 넘으신 부모님은 보호자 입장에서 보호를 받아야 하는 입장으로 바뀌어 버리셨다. 나는 나의 자녀들에게 부모님께서 가르쳐 주신 사랑의 유업을 계승시킬 것이며 부모님이 편히 쉴 수 있도록 마음의 고향이 되어 드릴 것이다.

19

여행을 통해 외가
식구들의 사랑에 보답하기

하주연

정신보건 간호사, 희망 멘토, 작가, 동기부여가
전업주부로 15년간 지내다 과거의 직업인 간호사로 새롭게 근무한 지 7년 차다. 주부생활이
더 길었지만 직업의 관점에서 새로운 세계의 경험이 더 많다고 거꾸로 생각하는 창의적인 직
장인이다. 현재 '생활 속 마음'에 관련된 개인저서를 집필 중이다.
E-mail skyvlla@naver.com

　　나에게는 이모가 세 분, 외삼촌이 두 분 계시다. 4녀 2남의 장
녀인 엄마는 내가 돌이 되기 전에 알부민 쇼크로 돌아가셨다고
한다. 너무 어릴 때라 잘 기억은 나지 않지만 엄마가 돌아가신 이
후 나는 친가와 외가를 떠돌며 자랐다. 아버지는 재혼을 하셨다.
초등학교 1학년 때는 새어머니와 함께 산 기억이 난다. 배정받은
학교에 가지 않고 동네 아이들을 따라 엉뚱한 학교를 다닌 기억
도 있다.

　　나는 초등학교 2학년 때부터 부산에 있는 외가에서 살게 되었
다. 시골 친가에 있던 나를 보러 오신 외할아버지께서 제대로 양

육되고 있는 것 같지 않은 내 모습을 보고 당신이 직접 키울 결심을 하신 것이다.

외할아버지는 내 아버지를 싫어하셨다. 그 마음은 충분히 이해한다. 나도 아버지를 그다지 좋아하지 않았다. 재혼하신 아버지를 보며 어린 마음에 버림받았다는 생각을 했던 것 같다. 사춘기 때는 '나만 빼고 자기들끼리 잘 사네'라고 생각했다. 하지만 지금은 그렇게 생각하지 않는다. 엄마의 죽음은 아버지에게도 큰 충격이었을 것이다. 그리고 나를 조금 더 나은 환경에서 키우고 싶다는 생각에 할머니, 할아버지께 보냈을 수도 있다. 순전히 나만의 생각일 수도 있다. 자기보호 본능에서 나온 생각일지 몰라도 아버지의 선택을 존중한다. 그리고 새 가정에서 행복하시길 바란다.

아버지는 사업가셨다. 엄마는 동생들이 좀 더 공부에 매진할 수 있도록 뒷받침해 주기 위해 중매로 만난 아버지와 결혼했다는 이야기를 큰외삼촌에게 들었다. 3년 정도의 결혼생활 후 사별하신 아버지는 재혼 후 서울에서 살면서 가끔 외가에 있는 나를 보러 오셨다. 공직에 계신 외할아버지는 지방 근무가 잦아 아버지와 마주친 적이 거의 없었다. 외할머니는 아버지의 얼굴을 보면 먼저 하늘나라에 간 큰딸 생각이 나 힘드셨을 텐데도 나를 생각해서 만나게 해 주셨다.

외할머니는 자녀들이 스스로 원하는 삶을 살도록 지켜보기만 하던 분이셨다. 반면에 일류만 고집하시던 외할아버지는 삼촌과 이모들을 힘들게 하셨다. 큰외삼촌은 성악을 전공하길 원했으나 외할아버지의 반대로 공대에 진학하셨다고 한다. 작은외삼촌은 엄청난 사춘기를 겪었지만 외할머니의 극진한 보살핌으로 대학에 진학할 수 있었다고 한다. 외할머니의 남동생이 고등학교 수학교사여서 도움을 많이 받았다고 한다. 작은외삼촌은 공사에 취업했다가 부모님을 돌보기 위해 귀향한 뒤 사업을 시작하셨다. 큰이모는 교사를 선호하시던 외할아버지의 권유로 부산의 공립사범대 국어교육과를 나와 고등학교에서 교사로 재직하셨고, 둘째 이모도 같은 학교 같은 과를 나와 현재 중학교 교장선생님으로 재직 중이시다.

나는 큰이모와는 열세 살, 둘째 이모와는 열 살, 막내 이모와는 여덟 살 차이가 난다. 막내 이모는 막내로 사랑만 받고 살다가 갑자기 같이 살게 된 어린 조카를 질투하지 않고 마치 언니처럼 잘 챙겨 주었다. 내 친구들에게 간식을 사 주기도 하고, 같이 공부도 가르쳐 주었다. 그리고 학교 행사에도 외할머니와 꼭 참석해 나의 기를 살려 주었다. 막내 이모는 기품 있고 세련되어 나는 어깨가 으쓱해지곤 했다.

둘째 이모는 공부를 잘해 외할아버지의 사랑을 독차지했다. 당신도 노력해 조기 승진을 하는 등 항상 일류를 원하시던 외할아버지는 노골적으로 둘째 이모를 편애하셨다. 나는 그런 기대에 못

미쳐 내 성적표를 보실 때마다 외할아버지는 많이 실망하셨다. 그럴 때면 이모들은 건강하기만 하면 된다고 위로해 주고는 했다.

어린 내 눈에 외할머니는 막내 이모만 예뻐하는 것 같고, 외할아버지는 둘째 이모만 예뻐하는 것 같았다. "할매는 막내 이모만 좋아하고, 할아버지는 둘째 이모만 좋아해요!"라고 투정을 부렸던 기억이 난다.

내가 20대 후반일 무렵, 큰이모 집에서 사촌 동생들과 놀던 중이었다. 큰이모가 줄 것이 있다며 나에게 작은 상자를 건넸다. 그 안에는 엄마와 외할머니가 같이 찍은 사진, 나의 백일 기념사진, 외할머니와 엄마와 이모들 그리고 태어난 지 몇 달 안 된 내가 이순신 장군 동상 앞에서 찍은 사진, 엄마가 친구와 나눈 서신, 내가 태어난 해 엄마가 쓴 가계부 등이 들어 있었다. 처음 받아 본 엄마의 유품이었다. 나는 큰이모에게 "지금까지 보관하느라고 애쓰셨어요. 고마워요."라고 말했다. 눈물이 나올 것만 같아 일부러 무뚝뚝하게 말했다. 울면 불쌍해 보일 것 같고, 큰이모가 놀랄 것 같았기 때문이다. 아마 큰이모도 예상하고 최대한 자연스럽게 전해 주려고 했던 것 같다.

이 일도 어느새 20년이 지났다. 나이가 들면 신기한 일들이 많다. 옛날 일도 어제 일처럼 느껴질 때가 있으니 말이다. 큰이모의 잔잔한 배려가 지금도 생생하다.

결혼 후 큰아이가 초등학교 3학년이 되었을 때, 우리 아이들과 이모들 그리고 큰이모의 아들인 사촌 동생과 함께 두바이로 여행을 간 적이 있다. 두바이에 계시던 큰외삼촌의 장소 제공 덕분이었다.

그때 외할아버지에 대한 이모들의 솔직한 감정을 듣게 되었다. 사랑만 받는다고 생각했던 둘째 이모는 그 사랑은 감사하지만 과한 애정과 기대감에 부응하기가 힘들었다고 했다. 그래서 형제들에 대한 미안한 마음이 컸다고 한다. 큰이모는 우리 엄마가 돌아가실 때 하늘이 무너지는 심정이었다고 했다. 그 후 주어진 장녀 역할에 대한 부담감에 마음고생을 하셨다고 한다. 막내 이모는 외할아버지의 유별난 성격을 맞추고 사시느라 마음고생만 하다 가신 외할머니를 그리워했다. 어릴 때 몸이 약해 자주 외할머니의 등에 업혀 병원을 다닌 기억이 난다고 했다.

큰외삼촌은 엄마와 나이 차이가 세 살밖에 나지 않아 다른 형제자매들보다 엄마와의 추억이 많단다. 마산중학교에 다니던 큰외삼촌과 마산여자고등학교에 다니던 엄마는 집안의 자랑스러운 존재였다고 한다. 그때는 중학교, 고등학교도 시험을 치르고 들어갔는데 마산중과 마산여고는 명문 학교였기 때문이다. 둘이 아침마다 교복을 입고 같이 등교할 때면 우쭐해지기도 했다고 한다. 엄마가 부산으로 대학을 가고 큰외삼촌도 부산에서 고등학교를 다니게 되면서 둘은 부산에서 같이 자취를 했고, 그래서 더욱 끈

끈한 정과 추억을 나눌 수 있었다고 한다. 내가 모르는 엄마의 이야기를 많이 들을 수 있어 행복한 시간이었다.

삼촌들과 이모들의 우애는 매우 끈끈하다. 외숙모들도 자주 함께 어울려 자식들의 본보기가 되어 준다. 부모 없는 조카라고 무시하지 않고 애정으로 돌봐 준 외숙모들께 한없이 감사하다. 이제 내 나이도 50세가 되었으니 더 늦기 전에 지금까지 받은 사랑을 하나씩 갚아 드리고 싶다. 두바이 여행 때처럼 모두 함께 가족여행을 떠나 아름다운 추억을 만들고 싶다.

요즘 내 경제적 상황이 그리 좋지만은 않다. 하지만 조금씩 나아질 테니 더 늦기 전에 실천할 것이다. 반드시 성공해 모두의 여행 경비를 내가 부담할 것이다. 그래서 여행을 좋아하는 외가 식구들을 기쁘게 해 주고 싶다. 나를 사랑으로 길러 주신 외할아버지와 외할머니께 못다 한 효도를 이모들과 삼촌들이 기쁘게 받아 주시리라 믿는다. 머지않은 미래에 이 꿈은 반드시 이루어질 것이다.

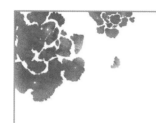

20

세상에서 가장 좋은
'건강' 선물하기

김지혜

고등학교 수학교사, 자기계발 작가, 동기부여가
고등학교에 재직 중인 14년 차 수학교사다. 매해 담임교사를 맡으며 학생들과 함께 울고 웃는
값진 경험들을 했다. 청소년이 행복한 대한민국을 꿈꾸며 십대들의 멘토로서 끊임없는 자기
계발로 자기혁신을 실현하는 삶을 살고 있다. 현재 10대의 꿈을 응원하는 자기계발서를 준비
중이다.
E-mail ktwisdom_dodream@naver.com
Blog http://blog.naver.com/ktwisdom_dodream

　　나는 1남 2녀 중 둘째 딸로 태어났다. 싹싹하다는 평가를 받
는 두 살 위인 언니와 다섯 살 터울이 나는 듬직한 남동생 사이
에서 나는 항상 유별난 둘째 딸이었다. 학창시절 우리 집은 3남매
의 잦은 다툼과 부모님이 혼내시는 소리로 바람 잘 날이 없었다.
거의 모든 문제의 화근이었던 나는 불화의 원흉으로 지목되었다.
사실 형제 간의 다툼은 사소한 것에서 비롯되며, 따지고 보면 별
일 아닌 것들이 많다. 매번 나의 잘못으로 결론지어지는 우리 집
의 편파적인 분위기가 싫은 적도 많았다.
　　부모님은 맞벌이를 하셨고 우리 3남매 또한 각자 학교생활을

하느라 함께 저녁 식사를 하는 것도 쉽지 않았다. 가끔 어렵게 함께한 식사 자리에서도 나의 진심을 몰라 주시는 부모님께 서운한 마음이 들었다. 지금 생각해 보면 무엇 때문에 그랬는지 정확히 기억은 나지 않지만 둘째 딸의 당돌한 발언에 부모님이 자주 화가 나셨고 난 집에서 쫓겨나기도 했다. 나는 어린 마음에 서글프기도 했지만 부모님의 진심을 오해하지 않았기 때문에 부모님의 화가 잠잠해질 때까지 기다려 몰래 집에 들어가고는 했다. 이런 경험이 반복되면서 은연중에 나는 부모님에게 안 아픈 손가락이라고 여기게 되었다.

고등학교 2학년 5월 어느 날, 작문 선생님께서 '부모님'을 주제로 글쓰기 숙제를 내주셨다. 일주일에 단 한 번 있는 작문시간이었지만 친구들의 다양한 이야기를 들을 수 있어 항상 기대되는 시간이었다.

돌아오는 작문시간을 앞두고 어버이날이 다가왔다. 야간자율학습을 마치면 항상 친구와 함께 걸어서 집에 가곤 했는데 중간에 문구점이 몇 개 있었다. 어버이날이었지만 아침에 눈 뜨고 학교 가기 바빠 부모님 얼굴도 제대로 보지 못했다. 부모님께서 3남매를 키우시느라 얼마나 고생을 하고 계신지 너무 잘 알고 있었지만 감사의 말씀을 제대로 드린 적도, 작은 선물로 마음을 표현한 적도 없었다. 하지만 그날은 유난히도 이렇게 어버이날을 보내 버리면 안 될 것 같다는 생각에 마음이 불편했다.

그때 마침 어느 문구점을 지나가는데 '카네이션 500원'이라는 문구가 눈에 들어왔다. 친구와 나는 '500원'이라는 말에 웬 횡재냐며 기쁜 마음으로 카네이션을 하나씩 샀다. 가격에 비해 아직 싱싱해 보이는 카네이션을 보며 마음속으로 '이거라도 드리면 내 마음이 조금은 편해질 거야'라고 생각했다.

아버지는 항상 친구와 헤어지는 골목 입구까지 자전거를 끌고 마중을 나오셨다. 그날도 어김없이 저 멀리 아버지의 그림자가 보였다. 나는 손에 들고 있던 카네이션을 어떻게 드릴까 잠깐 고민했다. 생각해 보니 카네이션을 산 게 처음인 것 같았다. 무뚝뚝한 아버지께 카네이션을 드릴 생각을 하니 앞이 캄캄해졌다. '괜히 샀나?' 하는 생각도 잠시 스쳐 지나갔지만 아버지는 이미 내 눈앞에 계셨다. 나는 무덤덤한 척 아버지께 "문구점 지나오는데 팔아서 하나 샀어요."라며 카네이션을 건네드렸다. 나는 쥐구멍에 숨고 싶을 만큼 부끄러워 평소보다 빠르게 자전거 뒷자리에 올라탔다. 평소와 다른 둘째 딸의 행동에 아버지도 어쩔 줄 몰라 하셨지만 아주 작은 목소리로 "우리 지혜, 다 컸네." 하시며 조용히 페달을 밟으셨다.

아버지의 허리춤을 잡고 있으니 체온이 느껴졌다. 기분 탓인지 평소보다 따뜻한 기운이 전해졌다. 그날, 집에 도착할 때까지 아버지와 어떤 대화도 나누지 않았지만 나는 자전거 뒷좌석에서 가슴 뭉클한 감정을 느끼며 눈물을 꾹 참았다.

나는 작문시간에 그날의 이야기를 써서 발표했다. 카네이션을 건네받으시며 흐뭇해하셨던 아버지를 떠올리니 참고 있던 눈물이 터져 버렸다. 내가 울자 반 친구들도 함께 우느라 교실은 눈물바다가 되었다. 지금까지도 어버이날이면 그날의 카네이션이 기억난다.

대전이 고향인 어머니는 부산에서 직장생활을 할 때 아버지를 만나셨다. 가끔 "부잣집 남자가 좋다고 쫓아다니는 걸 마다하고 아버지와 결혼하기로 마음먹었다."라고 농담처럼 말씀하신다. 내가 "아버지의 어떤 매력에 끌렸는데요?"라고 물으면, "에이, 나 아니면 이 사람 어떡하나 싶었지. 다른 게 있나. 아무것도 없는 거 알지만 마음이 중요한 거지."라고 하셨다.

아버지는 자존심이 강하고 까다로우셨다. 어머니와의 연애시절에도 밥은 어떻게 먹는지, 걸음걸이는 팔자가 아닌지, 옷은 어떻게 입는지 등등 어머니를 결혼 상대로서 꼼꼼하게 체크했다는 말을 듣고 할 말을 잃은 적이 있었다. 어머니와 다르게 나는 그런 아버지가 이해되지 않을 때가 많았다. 매번 나를 위한 조언인 것은 알지만 끝나지 않는 아버지의 말씀이 나를 더 힘들게 한다고 느낀 적이 있었다.

아버지는 철저한 검증을 거쳐 항상 믿고 지지해 주는 어머니와 결혼하셨다. 두 분은 남들처럼 살기 위해 노력하셨다. 어머니는 언니를 낳고 둘째인 나를 임신하셨을 때부터 방 한 칸이라도 더 있는 곳에 살아야겠다는 생각으로 작은 가게를 얻어 도넛을 만들어 파셨다. 아버지는 직장을 그만두시고 세탁소를 운영하기 위해 재봉, 세탁 일을 배우러 다니셨다. 어머니는 나를 낳고 얼마 되지 않아 일을 다시 시작하셨고 젖도 안 뗀 나를 업고 일을 계속하셨다. 새벽부터 밤까지 도넛 장사와 육아, 가사를 혼자서 감당하셨지만 힘든 줄 모르셨다고 한다. 만들어 놓으면 금방 팔리는 도넛 덕분에 준비해 놓은 도넛 반죽 세 통이 남는 날이 없었다고 회상하시며 "그때 도넛 장사가 정말 잘되어서 돈을 좀 모을 수 있었지. 아버지 세탁소 개업 등 우리 집 밑천은 도넛 팔아서 다 마련했지."라고 하셨다.

어머니는 4.3kg으로 태어난 내 얘기를 하실 때마다 이 얘기를 꺼내신다. "애가 너무 커서 낳을 때 고생도 진짜 많이 했는데 내가 도넛 만들어 파느라 젖도 제때 못 줬어. 신기하게도 일할 때는 안 울고 잘 있어 줘서 고마웠지. 그런데 내 시간에 맞춰서 젖을 줬더니 어느 날 보니까 애가 힘이 없는 거야. 목도 못 가누고 힘없는 아기를 보고 그제야 내가 정신을 차렸지."라며 마음 아파하셨다.

아버지께서 세탁소를 운영하시는 동안 남동생이 태어났다. 어떤 이유에선지 모르지만 아버지는 어느 날 세탁소를 그만두셨다. 이후에 아버지는 직업을 여러 번 바꾸셨다. 돈을 벌기 위해 배를 타신 적도 있고 다시 직장생활을 하시기도 했다. 내가 고등학생 때 IMF 여파로 직장을 그만두시고 택시기사를 시작하셨고 지금은 개인택시를 몰고 계신다. 어머니도 불과 몇 년 전까지만 해도 회사를 다니시며 중국에서 유학을 하고 있던 남동생 뒷바라지를 하셨다.

아버지는 2남 2녀의 막내로 태어나셨다. 어린 나이에 할아버지가 돌아가셔서 부모님의 사랑을 충분을 받지 못하셨던 아버지는 가족에 대한 애착이 남다르셨다. 할아버지의 부재로 겪어야 했던 외로움과 주변의 평가가 아버지를 자존심 강한 사람으로 만든 것 같다. 그래서 가족에 대해 더 집착하셨고 좋은 아버지가 되기 위해 부단히 애쓰셨다. '공부해라'라는 말보다 우리의 행동이 밖에서 어떤 평가를 받을지 항상 신경 쓰셨다. 집안 제사 때나 약주를 드시는 날에는 가난으로 힘들었던 때를 떠올리며 "그래서 내가 우리 애들한테는 뭐든 다 해 주려고 한다. 부모가 곁에 있다는 것 자체가 얼마나 중요한지 나는 안다."라며 넋두리를 하셨다. 시간이 지나면서 아버지가 왜 그러셨는지 이해가 되었고 든든한 부모가 되고자 최선을 다하며 사시는 아버지 생각에 가슴이 미어졌다.

부모님의 헌신적인 노력으로 우리 3남매는 걱정 없이 하고 싶은 일이 무엇인지를 마음껏 고민하며 살아왔다. 부모님의 잔소리 덕분인지 골치 덩어리였던 둘째 딸은 누구보다 떳떳하게 잘 살고 있다. 돌이켜 보면 부모님은 한 번도 나에게 뭔가를 강요한 적이 없었다. 그래서 나는 마음껏 꿈꿀 수 있었다.

나의 베이스는 부모님이다. 지금까지 나를 지켜 주고 응원해 주신 부모님이 행복하셨으면 좋겠고 이제는 누리면서 사셨으면 좋겠다. 그래서 나는 부모님께 세상에서 가장 좋은 것을 보고 느낄 수 있게 해 주는 '건강'을 선물로 드리고 싶다.

부모님은 자신들이 좋아하는 것이 무엇인지 모르신다. 작년에 부모님과 중국여행을 할 때, 예상과 다르게 누구보다 빨리 다른 문화에 적응하시며 즐거워하시는 모습을 보았다. 입에 맞지 않을까 걱정했던 음식도 정말 잘 드셨다. 중국여행을 다녀오니 여행에 대한 기대감이 예전과 다르게 많이 생기신 것 같았다.

앞으로 나는 적어도 1년에 한 번은 부모님과 함께 여행하며 좋은 것, 멋진 것을 많이 보여 드리고 싶다. 마지막으로 부모님에게 이 말을 꼭 해 드리고 싶다.

"제가 부모님께 안 아픈 손가락이라고 생각한 적이 있었죠. 이런 생각이 부모님을 많이 아프게 한 것 같아요. 이제는 자식 걱정 말고 두 분만 생각하세요. 함께 편안하게, 행복하게 잘 지내셔야 해요. 제 곁에 아주 오래오래 계셔야 해요. 사랑합니다."

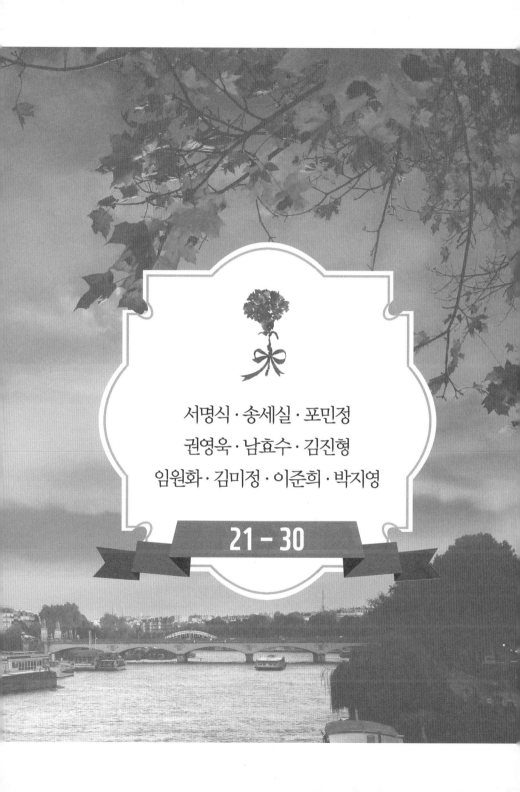

서명식 · 송세실 · 포민정
권영욱 · 남효수 · 김진형
임원화 · 김미정 · 이준희 · 박지영

21 - 30

아끼고 사랑하는 마음
숨기지 않고 표현하기

서명식

책 쓰는 회사원, 영업&마케팅 동기부여가, 자기계발 작가
10년간 외국계 IT 회사에서 근무 중이다. 영업 대표로서의 경험과 깨달음을 바탕으로 영업 및
마케팅 전문가를 꿈꾸는 이들에게 도움이 되고자 한다. 현재 영업 및 마케팅 관련 저서와 강
연, 코칭 프로그램을 기획 중이다.
E-mail myungsiki@hotmail.com

2015년 9월 9일 아침 6시 57분.

"이하나 씨 보호자분! 축하드립니다. 아들입니다. 산모도 아기
도 모두 건강합니다!"라는 간호사의 목소리에 나도 모르게 눈물
이 맺혔다. 드디어 나왔구나. 감사합니다. 하나님! 부처님! '정말
다행이다, 둘 다 건강해 줘서. 정말 많이 사랑한다. 앞으로 두 사
람에게 정말 잘할게'라며 혼자서 짧은 순간이지만 별의별 생각을
다 했다. '나도 부모가 되는구나'라는 감사한 마음과 한편으로는
어깨를 누르는 책임감을 느꼈다.

1980년 12월 2일 오후 2시 정각.

"정정심 씨 보호자분!" 하고 찾는 목소리에 나의 아버지도 같은 심정이지 않았을까? 35년 전의 아버지 모습이 자연스럽게 상상되었다.

나는 부산에서 태어나고 자란 남자답게 표현에 많이 서툴렀다. 장남인 데다 사나이는 강해야 하고 울지도 않아야 한다는 고정관념 탓인지 여러 부분에서 부모님과 대화를 나누는 것이 어색했다. 학창시절은 있는 듯 없는 듯 조용하고 내성적인 아이로 무난하게 지냈다. 아직도 가슴 한편에 뚜렷하게 남아 있는 기억이 있다.

내가 중학생일 당시 아버지는 작은아버지와 함께 중국집을 운영하며 홀 관리, 배달 등 많은 부분을 담당하고 계셨다. 수학여행을 떠나던 날, 학교로 가던 중 옷이 들어 있는 가방을 집에 두고 온 것이 생각났다. 급한 마음에 집으로 전화하니 아버지께서 직접 가져다주겠다고 하셨다. 학교 앞에서 20여 분 기다리니 아버지가 오셨다. 영업 준비를 하던 중이셨는지 평소 배달할 때 입으시던 추레한 옷을 그대로 입고 오셨다. 어린 마음에 창피한 나머지 아버지를 아는 척하지 못하고, 그대로 뒤돌아서 교실로 들어가 버렸다. 친구들에게 그런 아버지를 보여 주는 것이 싫고 부끄러웠다. 아직도 가슴 한편에 지니고 있는 너무나도 죄송한 기억이다. 그때 아버지께 한마디 했으면 좋았을 텐데….

나는 1999년 3월 부산에 있는 한 대학교에 입학했다. 이름만 들어도 알 만한 대학교에 다니는 행운을 가졌음에도 불구하고, 서울로 상경하지 못한 것에 대한 아쉬움과 후회로 어머니에게 재수를 하고 싶다고 말했다. 아들이 대학생활에 충분히 만족하고 있을 것이라 생각한 어머니는 아들의 뜬금없는 소리에 적잖게 당황하셨다. 나는 이내 아무것도 아니라며 서둘러 얼버무렸다. 아들이 원하는 것이 무엇인지 알고 있지만, 그것을 위해 해 줄 수 있는 것이 없어서 미안해하는 어머니의 마음이 느껴졌기 때문이다. 그때 한마디 했으면 좋았을 텐데, 하는 후회가 든다.

내가 스스로 성장하게 된 계기는 2001년 9월 군 생활을 시작하면서부터다. 아버지는 수십 년째 빠짐없이 일기와 메모를 쓰고 계신다. 논산 육군훈련소에 입소한 뒤 편지를 쓰는 시간이 주어졌을 때 아버지에게 편지를 쓴 건 그러한 아버지의 모습을 자연스럽게 보고 자랐기 때문일 것이다. 비록 글이었지만 그렇게 많은 감정을 아버지와 교환한 것은 처음이었다. 아버지도 무뚝뚝한 큰아들의 편지가 내심 반가우셨는지 바로 답장을 써 보내 주셨다. 훈련소에 있는 6주 동안 우리는 10통이 넘는 편지를 교환했다. 아버지 앞에서는 이야기하지 못했던 생각이나 감정들이 글을 통하니 오히려 더 쉽고 편안하게 느껴졌다. 자대 배치 이후, 전화도 가끔씩 하게 되면서 더 이상 편지를 주고받지는 않았지만 아버지와 자연스럽게 가까워진 모습에 나 또한 놀랐다.

서울에서 직장생활을 시작하면서 부모님과 다시금 뜸해졌다. 새롭고 낯선 환경에 적응하느라 정신없다는 말도 안 되는 핑계로 가끔씩 걸려 오는 부모님의 전화를 피했던 적도 있었다. 연락이 되더라도 형식적으로 간단한 안부만 물어보면서 그냥 끊기 일쑤였다.

2014년은 부모님께 굉장히 힘든 한 해였다. 3월에는 외할머니가, 6월에는 친할머니가 돌아가시면서, 당신들의 어머니를 떠나보낼 수밖에 없었기 때문이다. 나 역시 할머니를 잃는다는 생각에 가슴이 많이 아팠으니 어머니를 보내신 두 분의 심정은 오죽하셨을까. 특히 마지막 입관을 지켜보면서 오열하시던 두 분의 모습에 슬픈 것을 떠나서 놀랐다. 너무나도 많이 우셨기 때문이다. 우리 앞에서는 한없이 강하게 보이고 싶어 하시지만, 당신들의 부모님 앞에서는 한없이 작은 존재로서 다시는 만날 수 없을 것이라는 아쉬움에 오열하셨을 것이다. 너무나도 가슴이 아팠지만, 다시한 번 부모님의 존재가 무엇인지 생각하게 된 계기였다.

아내를 만나면서 조금씩 변화가 일어나기 시작했다. 딸 둘, 아들 하나인 집안의 장녀인 아내의 집에 처음 인사드리러 갔을 때의 충격은 여전히 강렬한 기억으로 남아 있다. 저녁 식사 시간 모두 모여 앉아 밥을 먹으며 오늘 하루 어떤 일이 있었는지, 그 일에 대해 어떻게 생각하는지 대화를 나누는 모습을 볼 수 있었다.

아들만 둘 있는 우리 집에서는 식사 시간에도 TV를 켜 놓고 밥 먹기에만 집중하느라 특별한 대화가 없었기 때문에 처가댁 식구들의 모습은 놀라움 그 자체였다.

아내는 당황하고 낯설어하는 내 모습이 재미있었는지 계속 나를 놀려 댔지만 나는 무언가로 한 대 얻어맞은 것 같았다. 아내의 가족들은 감정 표현에 굉장히 솔직했다. 좋은 일이 있으면 있는 대로, 섭섭하거나 기분이 나쁜 일이 있으면 바로 표현하며 서로 대화를 많이 나누었기에 불필요한 오해나 감정이 쌓이지 않았다. 좋은 것이 좋은 것이라고 구태여 말하지 않던 나에게는 또 다른 충격이었다. 그래서 아내에게 더 끌려 결혼을 굳게 결심했는지도 모른다.

그때부터 나도 생각을 바꾸기 시작했다. 내가 먼저 시작하면 된다. 부모님께 내가 먼저 전화를 드리거나 문자메시지 등을 통해서 안부를 묻기 시작했다. 아직도 어색하긴 하지만 표현하지 않고 혼자 감정을 묵히는 것은 멍청하고 어리석은 일임을 깨달았다.

모두들 부모님이 살아 계실 때 잘하라고, 떠나시면 해 드릴 수 있는 것은 아무것도 없다고 말한다. 또한 대부분의 부모들이 '너도 나중에 부모가 되어 봐야 우리 심정을 알 것'이라고 말한다. 나도 부모가 되어 보니 이제 그 말을 어느 정도 이해할 수 있게 되었다. 내가 먼저 다가가야 한다. 두렵고, 떨리고, 어색하고, 내가 아닌 듯한 모습에 당황스럽기도 할 것이다. 하지만 계실 때 잘해야 한다. 그래야 후회가 없다.

내가 부모님께 꼭 해 드리고 싶은 한 가지는 바로 '표현'이다. 감사하면 감사하다고, 섭섭하면 섭섭하다고 표현을 하는 것이 내가 꼭 해 드리고 싶은 한 가지다. 물론 더 좋은 말만 하고 듣고 싶어 하는 말만 해 드릴 수도 있을 것이다. 하지만 그런 것을 넘어서 모든 것을 표현하는 아들이 되고 싶다. 지금까지 못 했던 것을 한 번에 만회할 수는 없다. 하지만 더 이상 후회하고 싶지 않다. 더 늦기 전에, 다시 할 수 없기 전에 부모님께 말씀드려야겠다.

"어머니, 아버지! 사랑합니다!"

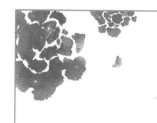

22

가족 모두 함께
여행하기

송세실

간호사, 힐링 메신저, 동물보호운동가
종양 파트에서 근무하는 현직 간호사이자 유기견 보호 활동을 하는 활동가다. 사람과 동물 모
두에게 위로가 되어 주고 희망을 줄 수 있는 사람이 되는 것이 목표다.
E-mail violue@hanmail.net

"인대가 완전히 끊어졌어요. 수술을 해서 이어 붙일 수는 있지
만 권하고 싶지는 않아요. 너무 오래 써서 낡아서 끊어진 거라 예
후가 좋지 않아요."

농사일을 하시던 아버지께서 어느 날 풀을 뽑다 어깨에서 뚝
소리가 났다고 한다. 그 후로 잠을 이루지 못할 정도로 통증이 심
해져서 아버지를 모시고 병원에 갔다. 결과는 '인대 손상'이었다.
천이 오래되면 낡아서 해어지듯 아버지의 인대도 낡아서 해어졌
기 때문에 작은 자극에 끊어졌다는 것이다. 그때는 아무렇지 않

게 웃으면서 재활하면 된다고 아버지를 위로해 드렸지만 사실은 울고 싶었다. 아버지가 너무 안쓰러워서, 아버지의 세월이 서러워서 눈물이 났다.

누구에게나 부모님은 애틋하지만 나에게 부모님은, 특히 아버지는 더 먹먹한 느낌으로 다가온다. 우리 부모님은 연세가 많으시다. 두 분 다 일제강점기에 태어나셔서 6·25 전쟁과 한강의 기적을 몸소 체험하셨다. 먹고사는 데 바빠 결혼은 꿈도 못 꾸셨던 두 분이 느지막이 만나 결혼해 힘들게 낳은 유일한 자식이 바로 나다.

몸이 약한 엄마가 나를 임신했을 때 병원에서는 산모와 아이 중 한 명만 선택하라고 했단다. 아버지는 산모를 선택했고 엄마는 나를 선택했다. 나는 기적처럼 세상의 빛을 볼 수 있었다. 생각지도 못하게 얻은 딸이 얼마나 귀했겠는가? 부모님은 내게 말 그대로 헌신하셨다. 특히 아버지는 '부모는 자식에게 아낌없이 주는 존재'라는 사실을 몸소 보여 주셨다. 가끔 아버지께 "그때 엄마 선택한 게 미안해서 이러세요?"라고 농담할 정도로 애정을 쏟아 주셨다.

아버지는 월남전에도 두 번이나 참전하신 유공자시다. 아버지는 그 사실에 큰 자부심을 가지고 계신다. 군 예편 후 아버지는 독일에 있는 회사에서 일하게 되었다. 한국에는 어머니의 일이 있었기에 우리 가족은 떨어져 살아야 했다. 가끔 보는 아버지는 내게 낯섦이자 그리움이었다.

그러던 중 내가 초등학교 들어갈 무렵 외할머니께서 돌아가셨다. 나를 돌볼 사람이 없게 되자 엄마는 나를 이 집 저 집에 맡겼다. 나는 다른 이들의 집을 전전하며 눈칫밥을 먹었다. 하루는 참지 못하고 엄마에게 울면서 그냥 집에 혼자 있고 싶다고 화를 냈다. 외할머니를 잃은 아픔에서 채 벗어나지 못한 엄마는 그 상황이 너무 버거웠다. 그래서 독일에 계신 아버지께 한국으로 들어오실 수 없느냐고 물었다. 아버지는 독일의 모든 것을 정리하고 한국으로 들어오셨다. 지금 생각해 보면 아버지는 자신의 꿈과 가장으로서의 자존심을 모두 버리고 한국으로 들어오신 것이었다. 오로지 하나뿐인 딸을 위해서 말이다.

당시에는 나도 이제 다른 아이들처럼 아빠랑 함께 산다고 좋아했다. 그런데 아버지와 함께 어디를 가도 사람들은 "아유~ 할아버지가 손녀를 끔찍하게 챙기네요."라고 말했다. 그때마다 나는 발끈해서 "할아버지 아니에요! 우리 아빠란 말이에요!"라고 외쳤다. 아버지께서 지금도 가끔 그 이야기를 꺼내시는 것을 보면 어지간히 뿌듯하셨던 것 같다.

내가 나이를 먹듯 부모님 또한 나이를 드셨고 자연스럽게 은퇴하셨다. 친구들의 부모님보다 훨씬 빠른 우리 부모님의 은퇴는 나에게 큰 부담이었다. 하루는 일을 하다가 너무 힘들어서 그만두고 싶은데 그럴 수가 없으니 화가 나서 아버지께 소리를 질렀다.

"나는 부모님이 나이가 많아서 일을 그만두고 싶어도 그만둘 수 없는 이 현실이 너무 싫어! 다른 애들은 하다가 힘들면 부모한테 빌붙기라도 하는데 나는 그렇게 할 수가 없어서 너무 화가 나!"

그때 아버지께서는 조용히 "우리가 나이가 많아서 미안하다."라고 말씀하셨다. 맙소사, 내가 무슨 짓을 한 건가! 순간 정신이 확 들었다. 그때부터 나는 부모님의 연세를 운명처럼 받아들이기로 했다. 내가 어찌할 수 없는 것에 원망하고 상처 주며 시간 낭비하지 말자고 다짐했다. 우리에게 남겨진 시간은 많지 않으니 말이다.

아버지는 언제나 나의 영웅이었고 태산이었고 안식처였다. 내가 새벽에 출근해야 하면 늘 나를 깨워 차로 출근시켜 주셨다. 언젠가 당신이 돌아가시면 이 시간들이 모두 추억으로 남을 것이라며 기꺼이 불편함을 감수하셨다. 그런 아버지가 무너지기 시작했다. 양 어깨의 인대가 끊어지고 양 무릎의 관절이 다 닳았다는 진단은 나의 영웅을 노인으로 만들어 버렸다. 긍정적으로 버티려고 노력했으나 아버지의 부상은 다른 문제를 낳았다. 어깨의 가동범위가 좁아지면서 자동차 핸들을 돌리기가 힘들어졌던 것이다. 가벼운 사고를 여러 번 내고, 그 과정에서 아버지는 참기 힘든 모욕을 받으셨다. 점점 소심해지셨고 장거리 운전을 꺼리게 되었다.

우리 집 유일한 드라이버인 아버지의 운전범위 축소는 우리 가족의 생활반경 또한 좁게 만들었다. 매년 갔던 가족여행도 몇 년째 엄두도 못 내고 있다. 설상가상으로 5년 전 털북숭이 막내가 들어오면서 가족여행은 더 험난해졌다. 대형견과 함께할 수 있는 숙박업소가 많지 않기 때문이다.

더 늦기 전에 가족여행을 가자고 말은 했지만 그러려면 내가 운전을 해야 했다. 연수를 받아야겠다고 생각한 지 벌써 1년이 넘어간다. 시간이 없어서, 피곤해서, 연수비용이 너무 많이 들어가서…. 언제나 이유는 차고 넘치도록 많았다. 어렸을 때는 그렇게 싫었던 가족여행이 막상 가려고 하니 그렇게 어려울 수가 없었다. 어영부영하는 사이 시간은 속절없이 또 흘러갔다.

부모님은 더 연로해지셨고 더 약해지셨다. 설상가상으로 올해 초 했던 건강검진에서 아버지는 당뇨 판정을 받았다. 그전부터 당뇨를 의심하기는 했었지만 막상 판정을 받고 나니 또 달랐는지 아버지는 눈에 띄게 우울해지셨다. 더 이상 미루면 안 되겠다는 생각이 들었다.

내가 부모님께 꼭 드리고 싶은 한 가지는 우리 가족이 함께하는 여행이다. 더 늦기 전에 부모님과 더 많이 웃고 더 많이 행복한 시간들을 만들고 싶다. 지금부터 부지런히 연습한다면 아마 내년

쯤에는 내가 운전하는 차로 가족여행을 갈 수 있을 것이다. 이 글을 쓰면서 상상해 보았다. 겁이 많은 엄마는 뒷좌석에서 막내를 끌어안고 기도하고 있으실 것이고, 은근 다혈질인 아버지는 조수석에서 매우 답답해하면서 잔소리를 하실 것이다. 아버지를 닮은 나는 그 잔소리에 반항하며 운전하고 있을 것이고 철없는 털북숭이 막내는 열린 창문으로 고개를 내밀고 바람을 즐기고 있을 것이다. 상상만 해도 입가에 미소가 지어진다.

어디에서나 흔하게 볼 수 있는 보통의 가족, 그래서 더 소중하고 애틋한, 이름만으로도 눈물이 나는 사랑하는 나의 가족. 오늘 저녁에는 꼭 나의 다짐을 부모님에게 선언하겠다.

"엄마, 아빠. 내가 운전 연습 열심히 해서 우리 다 같이 여행 갈 수 있게 준비할게요. 그러니까 그때까지 건강하셔야 해요. 사랑해요."

23

성공해서 잘 먹고 잘 사는
모습 보여 드리기

포민정

〈한책협〉코치, 1인 창업 코치, 마케팅 코치, 자기계발 작가, 동기부여가
열정덩어리 행동주의자로 스물여섯 살에 벤츠 타는 강사가 되었다. 꿈꾸는 사람들을 돕는 동
기부여가이자 네이버 카페 관리 및 매출을 올리는 포스팅 비법에 대해 코칭하는 마케팅 코치
로 활동하고 있다. 현재 마케팅에 관한 개인저서를 준비 중이다.
E-mail vhalsrhkd@naver.com
C·P 010-2490-1603
Blog http://blog.naver.com/pospace

대학생 때부터 나는 '내 분야에서 최고가 될 거야'라며 성공에
대한 강한 열망을 갖고 있었다. 친구들도 인정할 정도로 나는 스
스로에 대한 단단한 신념을 가지고 있었고 자존감과 자부심이 강
했다. 치과위생사로 취직한 뒤에도 열정적으로 일했다. 직장에서
연말마다 주는 열정상, 슈퍼스태프상을 매년 받을 정도로 모두가
인정하는 열정적인 치과위생사였다. 쉬는 날에도 각종 세미나를
들으러 다니며 다른 치과에서는 어떻게 일을 하고 있는지 벤치마
킹했다. 내가 배우고 싶고 더 알고 싶은 부분에 대해서는 항상 성
장하기 위해 노력했다. 그렇게 열정적이던 나에게 아버지는 "그렇

게 해 봤자 너는 회사의 부속품일 뿐이다."라고 하시며 새벽까지 시키지도 않은 일을 하느라 고생하는 나를 걱정하셨다. 나는 항상 회사 일을 내 일처럼 생각하며 주인처럼 일했다. '대충 해도 월급이 나오니까 이렇게까지 안 해도 돼'라고 생각하고 일한다면 인생에 있어서도 내가 주인공이 아닌 것처럼 살게 마련이다. 주인이라는 생각으로 일하고 어떻게 하면 더 잘할 수 있을까 고민하며 성장할 때 내 인생에서도 주인공이 되어 살 수 있다는 생각을 항상 가지고 있었다.

일을 하면서도 성공하고 싶고 남들과 다르게 살고 싶다는 생각을 하며 강하게 끌어당기니 정말 성공할 수 있는 환경, 남들과 다르게 살 수 있는 기회들이 왔다. 한 권의 책을 만나게 되었고 '억대 연봉을 받는 것보다 억을 버는 것이 빠르다'라는 것을 깨닫게 되었다. 새로운 세상을 알게 된 것이다.

돈 많은 사람을 욕하고 '우린 저렇게 못 돼! 우린 환경부터 달라'라고 생각하는 동료들과 치과라는 좁은 울타리 속에서 빤히 나의 미래가 보였다. 나는 환경을 탓하기보다 원하는 환경을 스스로 찾아 나가는 것을 선택했다. 직장 선배는 퇴사하겠다는 나에게 "그동안 쌓아 올린 것들이 모두 물거품이 되는 거야."라고 일침을 가했다.

하지만 나는 그동안의 시간이 아깝다거나 쌓아 올린 것들이 물거품이 되는 것이 두렵지 않았다. 이 일을 하지 않는다고 해서 그 경험들이 없었던 일이 되는 것도 아니고, 성공에 대한 강한 욕망을 갖고 열정적으로 임했기에 지금의 기회를 만나게 되었기 때문이다.

내 인생을 스스로 만들어 가겠다고 당차게 사직서를 냈을 때 가장 충격을 받은 건 부모님이셨다. 열정적으로 일하던 딸이 갑자기 사표를 내고 회사에 출근하지 않았다는 소식을 전해 들으셨으니 그럴 만도 했다. 치과에서 더 경험을 쌓고 천천히 나왔어도 되지 않았느냐고, 꼭 이런 식으로 등을 지고 나왔어야 했느냐고 물으셨다. 하지만 '조금 더 상황이 나아지면 해야지', '조금 더 직장에서 경험을 쌓고 해야지'라는 생각을 하며 미루기엔 내 인생이 너무 아까웠다. 나는 한 번뿐인 인생을 '누구 때문에 못 했어', '뭐 때문에 못 했어'라고 후회하며 살고 싶지 않았다.

부모님은 계속해서 나를 설득하시려 하루에도 수십 통씩 전화를 하셨다. 부모님의 반대에 흔들리고 당장 마음을 편하게 해 드리겠다고 돌아갈 거였으면 이 길을 선택하지도 않았다. 내가 남들이 가지 않는 길, 알지 못하는 길을 가기 때문에 걱정이 되어서 부모님께서 날 말린다는 것을 알고 있었다. 반대에 멈추는 게 아니라 빨리 성공해서 부모님께 기쁨을 안겨 드리면 된다. 나는 내가 성공할 것을 확신했기에 부모님과는 당분간 연락을 하지 않기로 마음먹었다. 부모님의 전화에 마음이 흔들리면 집중할 수 없었기 때문이다. 목숨 걸고 할 나의 일에 집중해 빠르게 성공을 안겨 드리기로 마음먹었다.

아버지께서는 내가 일했던 치과에서 치료를 받고 계셨던 터라 어머니와 두 분이서 치과에 찾아가 사과를 하셨다고 한다. 자신 때문에 경제적으로 풍족하지 못하니 딸이 그런다는 생각에 매일 울면서 술을 드셨다. 아버지를 끔찍하게 사랑했기에 마음이 아파 집에서 울음을 터뜨릴 때도 있었다. 하지만 그럴 때도 잠시, 다시 마음을 가다듬고 나의 일과 미래를 그리는 데 집중했다. 부모님께 서는 내가 잘되고 잘 살기를 바라신다는 것을 알기 때문이다.

나는 학창시절 성적도 뛰어나지 않고 특별한 재주가 없는 평범 한 학생이었다. 대학교를 졸업하고 전공분야인 치과에 취직해 너 무나도 평범한 인생을 살던 직장인이었다. 그것이 나한테는 당연 했기에 불편함도 모르고 지냈다. 그러던 중 책을 통해 김태광 코 치를 알게 되었다. 그의 책을 읽고 강연을 들으며, 내가 모르는 세 상이 있음을 알게 되었고 내가 보는 세상이 전부가 아님을 알게 되었다. 강연을 듣고 심장이 뛰는 것을 느꼈고, 가슴 뛰는 삶을 살 며 후회 없이 내가 꿈꾸고 생각하는 일들을 하면서 살기로 마음 먹었다. 부모님께서 나를 낳고 키워 주셨다면 김태광 코치는 꿈 의 눈을 뜨게 해 주고 꿈을 키워 주신 꿈부모님이다. 김태광 코치 를 만나 나는 지금 남들과 다르게 살고 있다. 스물여섯 살에 남들이 꿈에 그리는 벤츠의 오너가 되었다. 〈한책협〉에서 1인 창업으로 나아가려는 사람들에게 '꽂히는 포스팅하는 법', '카페에서 매출을 올리는 포스팅하는 법'에 대해 강의하고 있다.

아버지가 나를 끔찍하게도 사랑하셨다는 것을 잘 안다. "민정아, 너는 세상에서 가장 소중한 사람이란다. 아빠가 정말 사랑한다."라고 항상 말씀하시던 아버지의 모습이 기억난다. 아버지의 30~40대 모습도 기억나는데 이제는 오랜만에 내려가서 늙어 있는 부모님의 모습을 뵐 때면 마음이 아프다. 우리를 키우시느라 마음껏 누리지도 못하고 젊은 시절을 보내셨을 부모님을 생각하면 마음이 아프다. '내가 속을 썩여서 저렇게 늙으신 건가' 하는 생각이 든다. 매일 속만 썩여 드려 죄송하다. 앞으로는 내가 부모님이 하고 싶은 것을 할 수 있게 지원해 드리는 든든한 딸이 되고 싶다.

"공부 열심히 해라.", "돈 절약해라." 하셨던 것들이 모두 내가 잘 먹고 잘 살길 바라시는 마음에 그러셨다는 것을 알고 있다. 그래서 나는 잘 먹고 잘 사는 모습을 보여 드리며 부모님을 걱정시키지 않고 볼 때마다 든든하고 자랑스러운 딸이 되고 싶다. 성공해서 부모님께 꼭 해 드리고 싶은 일을 적어 보았다.

- 돈 잘 벌고 잘 사는 모습 보여 드리기
- 매달 100만 원씩 용돈 드리기

- 해외여행 보내 드리기
- 월세 꼬박꼬박 들어오는 상가건물 사 드리기

어렸을 적 돈 때문에 부모님께서 싸우는 모습을 본 적이 있다. 돈이 뭐기에 돈 때문에 싸우고 돈 때문에 허덕이는지, '나는 돈 때문에 싸우지 말아야지. 나는 부자가 될 거야'라고 항상 생각했다. 부모님께서는 근검절약하시면서도 우리는 항상 부족함 없게 키워 주셨다. 공부하는 데는 돈을 아끼지 말라고 하시며 우리를 지원해 주셨다. 우리에게는 비싼 메이커 옷을 사 주시고 당신들은 길에서 파는 옷을 입으셨다. 이제는 사고 싶은 것들 사고, 먹고 싶은 것들 드시고, 누리고 싶은 것들 누리실 수 있게 해 드리고 싶다.

그리고 지금까지 근검절약하며 살아오신 부모님을 위해 해외여행을 보내 드리고 싶다. 우리 가족은 다 함께 제주도 여행도 가 본 적이 없다. 어릴 때 다른 친구들은 다 제주도를 가 봤는데 나는 제주도를 가 본 적도 비행기를 타 본 적도 없어서 친구들이 부러웠다. 이제는 내가 잘되어서 부모님을 해외여행도 보내 드리고 호강시켜 드리고 싶다. 그리고 이 말을 꼭 전하고 싶다.

"이렇게 스스로 무엇이든 할 수 있는 사람으로 키워 주신 부모님, 정말 감사합니다."

24
해외여행이라는
신선한 경험 선물하기

권영욱

책 쓰는 직장인, 동기부여가, 자기계발 작가
직장생활을 하고 있는 20대 엔지니어다. 대학교를 졸업하기 전부터 직장에 얽매이지 않는 인생을 꿈꿨다. 자신이 가진 경험과 지식을 메시지로 만들어 다른 이들에게 전달하는 메신저의 길을 가고 있다. 저서로는 《또라이들의 전성시대》가 있다. 현재 개인저서를 준비 중이다.
E-mail kwon_yeonguk@naver.com

"있을 때 잘해, 후회하지 말고~"

효도를 논할 때 이 노래가사보다 더 적합한 말은 없을 것이다. 돌아가신 분을 위해 상다리 부러지게 제사상을 차리는 것보다 옆에 계실 적에 잘해 드려야 한다. 나는 부모님께 해 드리고 싶은 것들이 무척 많다. 그중 가장 해 드리고 싶은 것은 평생 고생하신 부모님께 해외여행을 선물하는 것이다.

내가 갓난아이였을 때, 우리 가족은 단칸방에 살았다고 한다.

갓난아이를 포함해 세 가족이 누우면 딱 맞는 사이즈였다고 하니 그 크기가 대충 짐작이 된다. 그 후 몇 번의 단칸방 이사를 거쳐 내가 기억하는 최초의 집인 단독주택 2층 전셋집에 살게 되었는 데, 당시 네 살이었던 나는 그 집이 우리 집인 줄 알았다.

어느 날은 집주인 딸과 옥상이 누구 것인지를 두고 싸우기도 했다. 물론 나는 우리 거라고 우겼다. 진짜 그렇게 믿었으니까. 세 입자인 줄도 모르고 큰소리치는 아들을 보며 부모님께서는 얼마 나 씁쓸하셨을까. 그 후 진짜 우리 집인 아파트로 이사했고, 10년 뒤에는 지금 살고 있는 아파트로 이사했다.

단칸방에서 아파트에 이르기까지 부모님께선 빈손으로 시작 해 지금의 모든 것을 일구시느라 고생하셨다. 당신들께서 입는 것, 먹는 것은 아끼면서도 자식들 입히는 것, 먹이는 것, 공부시키는 것은 아끼지 않으셨다. 투자에 비해 성과가 별로라서 송구할 따름 이다.

부모님 등골을 빼먹는 '등골브레이커'가 따로 있는가? 지금 생 각하니 내가 바로 등골브레이커였다. 그래서 나는 밥벌이를 할 수 있게 되면서부터 부모님이 곁에 계실 때 잘해 드리리라 다짐했고, 어떻게 하는 게 좋을지 고민했다. 고민 끝에 부모님께서 지금까지 하지 않으셨고, 앞으로도 스스로는 하지 않으실 법한 경험들을 선물하기로 했다.

'자식들에게서 가장 받고 싶은 선물은?'이라는 설문조사에서 '현금'이 1위를 차지했다고 한다. 내가 봐도 선물로는 현금이 가장 좋은 것 같다. 하지만 지금의 나처럼 독립하지 않고 함께 사는 상태에서 부모님께 용돈을 드리면 곧바로 생활비로 직행하리란 생각이 들었다. 그래서야 의미가 없지 않은가? 그래서 용돈이 아닌, 함께 공유하고 오래도록 기억할 수 있는 경험을 선물하기 시작했다.

시작은 열대과일이었다. 퇴근길에 대형 마트에 들를 일이 있었는데, 1층 식품 코너를 지나면서 수입 열대과일을 보게 되었다. 망고, 체리 등 유명한 과일이 많았다. 무심코 지나치려다 문득 부모님이 떠올랐다. 누군가가 사다 드리지 않고서야 두 분께서 굳이 이 과일들을 사 드시지 않을 것 같다는 생각이 들었다. 가격이 정확히 기억나진 않지만 결코 싸진 않았다. 하지만 망설임 없이 과일들을 집어 냉큼 계산했다. 만약 내가 먹을 거였다면 비싸다고 거들떠보지도 않았겠지만 그 순간만큼은 가격표가 보이지 않았다. 나중에 확인해 보니 내가 샀을 때가 가장 비쌀 때였다. 하지만 그 돈이 전혀 아깝지 않았다. 과일을 사 들고 집으로 가는 발걸음이 가벼웠다.

내 예상대로 부모님께선 아들의 서프라이즈 선물에 약간 놀란 모습을 보이셨다. TV에서 본 대로 망고에 칼집을 내서 뒤집었더니 거북이 등껍질처럼 멋진 모습이 나왔다. 한 덩이씩 떼어 드렸는데,

두 분이 선호하는 맛은 아니었다. 다행히 체리는 입에 맞아 체면을 구기지 않을 수 있었다. 게다가 부모님께 새로운 경험을 선물했다는 사실만으로도 흐뭇했다.

그다음은 마사지였다. 우연한 기회에 마사지숍에서 전신마사지를 받았다. 마사지를 받는 동안 전신의 근육이 비명을 질러 댔고, 입에선 끙끙 앓는 소리가 나왔다. 하지만 마사지가 끝나 갈 무렵엔 온몸이 노곤해짐을 느꼈고, 끝나고 나왔을 때는 무척 시원했다. 이런 좋은 경험을 나만 할 수는 없었다. 마사지 역시 부모님께서 한 번도 경험하지 못한 것이었고, 내가 등을 떠밀지 않으면 가지 않으실 것이 분명했다.

아니나 다를까, 나의 권유에 두 분 다 싫다고 하셨다. 하지만 거듭된 권유에 어머니께선 호기심을 보이셨다. 아버지는 뭐 하러 비싼 돈 내고 마사지를 받으러 가느냐고 하셨다. 거기서 포기할 거였으면 애초에 권유하지도 않았다. 마침내 아버지도 설득해 마사지숍에 갔다.

셋이 나란히 누워 전신마사지를 받았다. 마침 부모님께선 전날 꽤나 험한 산으로 등산을 다녀오신 참이었다. 그 여파로 아버지께선 한 시간 내내 앓는 소리를 내셨다. 종아리 마사지를 할 때 앓는 소리가 가장 컸던 것 같다. 그날, 부모님의 뭉친 근육도 풀어 드리고 새로운 경험도 선물하는 일석이조의 효과를 거뒀다.

그 뒤로도 와인, 수제 파이 등의 새로운 경험을 부모님께 선물했다. 나는 매번 서프라이즈 선물을 하고 난 뒤 부모님으로부터 이 말을 들을 때가 가장 기분이 좋다.

"아들 덕분에 이런 것도 해 보네."

이 한마디면 돈이 얼마가 들었건 간에 전혀 아깝지 않다. 정확히는 부모님께 드리는 것이기에 조금도 아깝다고 생각하지 않는다. 나를 키워 주시느라 쓰신 돈이 얼만데, 이깟 푼돈을 아까워하면 사람도 아니다.

이제 지금까지와는 달리 좀 더 큰 선물을 드리고 싶다. 그건 바로 해외여행이다. 무언가 새로운 것을 시도함에 있어 여행을 빼놓을 수 없다. 생각해 보면 우리 가족은 내가 아주 어릴 때부터 제법 소소한 여행을 자주 다녔다. 아버지의 첫 차인 엑센트가 생기기 전까지 우리 가족은 아버지의 오토바이로 우리나라 이곳저곳을 여행했다. 텐트와 각종 짐을 바리바리 실은 오토바이에 어머니, 아버지와 함께 타고 다녔던 것이 어렴풋이 생각난다. 어른들 사이에 끼어 앉아서 몹시 불편했던 것은 확실히 기억한다.

나의 부모님은 지금까지 해외여행을 딱 한 번 가 보셨다. 제주도 신혼여행. 제주도를 가려면 바다를 건너야 하니 이 또한 문자 그대로의 의미로 엄연한 해외여행이다.

내가 어릴 적 부모님과 여행에 관한 약속을 한 가지 한 적이 있다. 나중에 우리 가족 다 같이 제주도 여행을 가자는 약속이었다. 그 약속을 한 지도 20년은 된 것 같다. 이제는 그 약속을 지키고 싶다.

먼저 가족 동반으로 제주도 여행을 다녀오고 난 뒤, 외국을 여행하는 진짜 해외여행을 선물할 생각이다. 책에 쓰며 선언한 덕분에 반드시 실행하겠다는 각오와 반드시 실행해야 한다는 책임감마저 느껴진다. 여기서 나의 부모님께 선언한다.

"아들이 여권을 도장으로 꼭 채워 드릴 테니 기대하세요!"

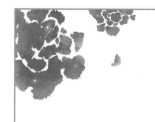

25

부모님 손발톱
직접 깎아 드리기

남효수

작가, 화장품 교육 강사, 동기부여가
화장품 교육 강사로 활동 중이다. 앞으로는 글을 쓰는 작가로 그리고 지식과 경험을 대중과 나누는 강사로 활동하고자 하는 꿈이 있다.

사람은 자신의 선택이 아닌 하늘의 뜻에 따라 누군가의 자녀로 태어나게 된다. 나 또한 누군가의 딸로 태어나 당연하게 그들을 어머니, 아버지라 부르며 살아왔다. 어느 날 문득 한없이 넓어보였던 아버지의 등이, 높아만 보였던 어머니의 키가 사실상 그리 대단하지 않음을 깨닫고 마음이 아렸다. 그러나 이 안쓰러운 마음이 무슨 대단한 비밀이나 되는 것처럼 가슴속 어딘가에 숨긴 채 살뜰한 말 한마디 제대로 건네지 못하는 못난 딸이다.

요즘 따라 부쩍 우울해하시는 아버지는 건강검진 후 건강에 대해 염려하시는 듯하다. 그리고 넷이나 되는 자식들 걱정으로 점점 더 그늘져 가는 어머니를 볼 때면 죄송한 마음이 든다. 그래서 어머니의 얼굴에 웃음이 번졌으면 하는 마음에 그동안 숨겨 두었던 감정들을 표현해 보기로 했다.

나는 딸이라 그런지 평소 어머니와의 대화는 많은 편이다. 감정을 표현하는 것이 그다지 어렵지 않다. 항상 나를 믿고 내 편에서 따뜻하게 바라봐 주시는 어머니는 언제나 자신보다 가족을 먼저 생각하신다. 따뜻한 밥을 가족들에게 모두 퍼 주고 정작 자신은 어제 먹다 남은 찬밥을 먹는 경우가 허다하다. 가족을 위해 새벽부터 일어나 밥을 하고 정작 자신은 빈속으로 직장에 나가는 날들이 많았다. 하지만 어렸을 적 나는 그것이 당연한 줄로만 알았다. 살림과 일을 병행하며 자식을 위해 희생하는 것이 어머니의 역할인 줄로만 알고 고맙다는 말 한번 제대로 한 적이 없었다. 속상한 일이 있을 때마다 어머니에게 모진 말을 쏟아 내고 상처를 주었다. 그럴 때마다 어머니는 말없이 듣고만 계셨다.

나는 스무 살에 집에서 떨어진 학교로 진학하며 기숙사에 들어갔다. 처음으로 부모님의 품을 떠나 모르는 이들과 함께 살아야 한다는 생각에 걱정이 많았다. 어머니는 나보다 더 걱정하시며 짐을 싸는 내 옆에서 떨어질 줄을 몰랐다. 부모님은 기숙사까지 함께 짐을 옮겨 주셨다. 자식을 품에서 떠나보내는 것이 많이 서운하셨는지 눈물이 가득 고인 눈을 하고서 들어가라고 말하는 어머니의 모습에 가슴이 먹먹했다. 부모님과 떨어진 뒤에야 내가 얼마나 그들의 보호 아래 행복을 당연시했는지 깨달았다.

　나도 언젠가는 누군가의 아내가 되고 어머니가 될 것이다. 나도 어머니처럼 희생할 수 있을까? 새벽부터 일어나 가족들을 위해 식사를 준비하고 온갖 살림을 도맡아 하며 자식들을 사랑으로 키워 낼 수 있을까? 내 어머니 역시 귀한 딸로 태어나 사랑받고 자란 여자인데 난 어머니를 같은 여자로 바라본 적이 한 번도 없었던 것 같다. 거칠어진 손과 굳은살 가득한 발이 내 마음을 아프게 했다. 나이를 먹어도 부모님에게 자식은 어린아이 같은지 걱정과 잔소리에 다툰 적도 많았지만 그 안에 사랑과 걱정이 가득하다는 것을 이제야 깨달았다. 밥은 먹었는지 아픈 곳은 없는지 매사 내 걱정뿐인 두 분이 곁에 있는 것이 참 행복하다.

　얼마 전, 자고 있는 막내 동생을 향해 발톱을 깎아 달라며 소리치는 아버지와 피곤하니 나중에 깎아 주겠다면서 짜증을 부리는 동생의 목소리를 듣고 깜짝 놀랐다. 방에 누워 있던 나는 거실로 달려 나가 갑자기 왜 발톱을 깎아 달라고 하냐며 물었다. 아버지는 멋쩍게 웃으며 발을 굽히기가 힘들어 혼자서 발톱을 깎기가 어렵다고 했다. 나는 머리를 한 대 얻어맞은 것 같은 충격으로 한동안 말을 할 수가 없었다. 왜 생각하지 못했을까, 조금만 관심을 가지고 지켜봤다면 충분히 눈치챌 수 있었던 부분이었는데 내가 너무 무심했다.

10년 전쯤 직장을 옮긴 아버지는 업무를 배우던 중 실수로 높은 곳에서 떨어지는 사고를 당해 크게 다치셨다. 그래서 다리에 철심을 박는 수술을 했다. 재활치료 후에도 절뚝거리는 무거운 다리를 이끌고 다니실 수밖에 없었다. 난 그런 아버지를 보며 안타까웠고 슬펐다. 하지만 그게 다였다. 스포츠 댄스를 좋아하고 취미로 즐겼던 아버지는 불편하고 제대로 굽혀지지도 않는 한쪽 다리를 보며 무슨 생각을 하셨을까? 나는 왜 그런 아버지에게 괜찮으시냐는 말 한마디조차 따뜻하게 건네지 않았던 걸까?

내가 어렸을 때 아버지는 강하고 무서운 존재였다. 그래서 서로의 의견을 조율해야 하는 상황이 오면 어떻게든 그 상황을 피하려 애썼고, 얼굴을 보며 이야기하는 일이 점점 줄었다. 하루 종일 힘들게 일하고 집으로 돌아오실 시간이 되면 아버지를 피해 방으로 들어와 문을 꼭 닫고 나가지 않았다. 그렇게 점점 아버지와 함께 있는 것이 어색해지면서 가깝고도 먼 존재가 되어버렸다.

술에 잔뜩 취해 집에 돌아오신 어느 날, 큰 소리로 내 이름을 부르며 거실로 나와 보라고 했을 때도 나는 짜증을 내며 거실로 나와 멀찌감치 떨어져 앉았다. 그 순간 보았던 아버지의 슬픈 표정은 지금도 잊을 수가 없다. 눈물은 흐르지 않는데 꼭 울고 계신 것만 같았다. 자신을 피하는 딸을 보며 속이 상해 술을 잔뜩 마시고 들어와 어렵사리 마음을 표현한 강하고 무서운 나의 하늘….

그때서야 내가 아버지에게 얼마나 큰 상처를 주었는지 깨달았다.

그 후 조금씩 거리를 좁히기 위해 노력했지만 많이 부족했다. 한참이 지나 아버지의 발톱으로 인해 한 번 더 깨달은 나는 나이만 먹었지, 아직도 한참 멀었다.

아버지의 발을 보니 자꾸만 눈물이 날 것 같아 고개를 들지 못했다. 머릿속으로 많은 생각이 스쳤다. 아버지도 멋쩍었는지 막내는 발톱을 깎아 달라고 할 때마다 저런다며 개구쟁이처럼 웃으셨다. 나도 따라 웃었다. 그러고는 발톱이 왜 이렇게 삐뚤빼뚤하냐고, 이런 발톱은 나처럼 세심한 사람이 깎아야 한다며 앞으로는 내가 해 줄 테니 꼭 나에게 말하라고 했다. 미안한 마음에 손이라도 꼭 잡고 싶었지만 이마저도 쑥스러워 손톱도 깎아 주겠다며 투박한 손을 제대로 잡아 봤다. 굳은살이 잔뜩 박여 있었지만 참 따뜻했고 말로 표현할 수 없을 만큼 행복이 밀려왔다. 방으로 들어가려는데 조그맣게 아버지의 목소리가 들렸다.

"고마워."

좀처럼 표현을 하지 않으시던 아버지의 한마디에 놀랐지만 나는 덤덤하게 "응."이라고 대답하며 웃었다. 그리고 방으로 들어와 소리 없이 울었다.

나는 마음을 표현하는 일에 익숙하지 않아 전하고 싶어도 전하지 못하는 것들이 많았다. 이제는 나의 마음을 두 분에게 전하고 싶다. 인생은 영원하지 않다. 쑥스럽다는 이유만으로 마음을 표현하지 않고 후회하는 멍청한 짓을 하고 싶지 않다. 나는 이제부터라도 부모님에게 얼마나 감사한지 얼마나 사랑하는지 표현하려고 한다.

　　"쑥스러워서 제대로 표현하지 못했던 진심을 말로는 꺼내기가 어려워 글로 꺼내 봅니다. 언제나 우리 곁에서 든든한 등대처럼, 따뜻한 햇살처럼 있어 주세요. 아버지는 세상에서 가장 멋지고 존경스러운 하늘이고, 어머니는 자식을 위해 반평생을 희생하며 살아온 강하고 멋진 바다 같은 분입니다.

　　당신들의 딸로 태어나 이루 말할 수 없을 만큼 행복한 저의 마음을 두 분은 알고 계실까요? 이제는 점점 더 작아지고 약해져 가는 두 분 곁에서 당신들의 전부인 자식들이 힘이 되어 드리겠습니다. 존경하는 두 분을 사랑하고 또 사랑합니다."

26

엄마가 하고 싶은 것
마음껏 하게 해 드리기

김진형

진로 컨설턴트, 작가, 홈스쿨 운영, 은퇴전략 메신저
10년간 SW 프로그래머로 근무하다 퇴사한 뒤 홈스쿨을 운영하고 있다. 진정한 '나'의 삶을 위해 새로운 꿈과 진로를 개척하는 동시에 그간의 경험을 나누는 메신저로 제2의 인생을 살고 있다. 저서로는 《보물지도 6》, 《또라이들의 전성시대》가 있다. 현재 회사 밖에서 자신의 자격을 얻기 위해 애쓰는 사람들을 위한 개인저서를 집필 중이다.
E-mail amandsam@naver.com
Blog http://blog.naver.com/amandsam

어린 시절 나는 내 어머니가 새어머니일 거라고 생각했다. 책에서 읽거나 TV에서 보는 어머니들의 모습과는 너무 다른 모습 때문이었다. 자녀를 사랑하고 가족을 위해 희생하는 모성애를 지닌 어머니들은 나의 어머니와 달랐다. 초등학교 시절 이런 내 마음을 적은 수필로 인해 어머니가 담임선생님과 상담을 한 적도 있었다. 하지만 내 어머니는 분명 친어머니였다. 단지 내가 완벽한 어머니를 원했던 것이 문제였다.

나의 어머니가 남들과 조금 달랐던 것은 좋게 말하면 순수했던 것이고 나쁘게 말하면 조금은 어린아이와 같았다는 점이다. 어머니는 가족보다 자신의 즐거움과 만족을 우선시했다. 어린 자녀들을 두고 놀러 다니는 것이 일상이었다.

어린 시절 살던 동네의 아주머니들은 밤낮을 가리지 않고 화투판을 벌였다. 도박은 나쁘다고 학교에서 배웠던 나는 좋게 볼수가 없었다. 그리고 항상 그 자리에는 나의 어머니가 계셨다. 몸이 약해 자주 누워 계셨으면서도 화투판에서는 어떻게 밤을 지새우고 오시는지 모를 정도로 어머니는 그 자리를 좋아하셨다. 그로 인해 아버지와 불화가 종종 있었고 어렸던 우리는 어머니 대신 집안일까지 해야 했다.

그런 어머니가 교회를 다니기 시작한 것은 내가 중학교 1학년 때였다. 나는 그것을 계기로 어머니가 변화되길 바랐다. 하지만 신앙과 생활은 별개인 듯 변화가 없으셨다. 조금 머리가 커진 나는 그런 어머니를 함부로 대하기 시작했다. 어머니의 인간관계가 모두 화투판으로 이어진 것이 문제였고 그 관계를 일순간에 끊어내지 못했기 때문에 교회생활과 일상생활은 이중적일 수밖에 없었다.

그러던 이중생활이 단번에 해결된 것은 어머니가 화투판에서 알게 된 사람들에게 크게 사기를 당하면서부터였다. 아버지가 돌아가시며 남기신 퇴직금과 오빠의 사업자금을 모두 빌려주셨다가 떼이셨다. 게다가 수십 년 함께 지내 온 동네분들마저 계를 운영하던 어머니를 배신해서 어머니는 큰 상처를 입으셨다. 결국 돈도 잃고 사람도 잃고서야 그곳에서 빠져나오실 수 있었다.

그 이후 우리는 금전적인 문제로 또 다른 어려움을 겪게 되었다. 대학 등록금은 대출을 받아야 했고 쉬지 않고 아르바이트를 해서 생활비를 보탰다. 원망도 뒷전으로 놓을 만큼 먹고살기에 바빴다. 상처받은 어머니에게 또 상처를 주긴 싫었다. 또한 되돌릴 수 없는 일로 소모적인 논쟁을 하는 것도 무의미했다. 그때서야 깨달았다. 모든 어머니가 완벽할 수는 없다는 것을 말이다.

이제는 나도 어른이 되어 결혼을 하고 엄마가 되었다. 어렸을 때부터 엄마의 모습에 대해 많은 고민과 번민을 했던 탓에 나는 늘 좋은 엄마가 되어야 한다고 다짐한다. 그리고 조금은 강박적일 정도로 중도를 지키며 양육하려고 애쓴다. 하지만 가장 중요한 것은 아이에게 사랑을 주는 것이다. 나는 어렸을 때 사랑을 제대로 받지 못했다. 화투 치는 엄마가 미웠던 것이 아니라 그만큼 사랑을 받지 못했기 때문에 미웠던 것이다.

이제 나의 아이에게 나를 투영시킨다. 그리고 나 자신이라고 생각하며 사랑을 준다. 내가 바랐던 어머니의 모습으로 아이에게 사랑을 주며 그 사랑을 내가 다시 받는다. 그렇게 나는 위로받고 치유되고 있다.

어느덧 어머니의 나이가 칠순이 넘으셨다. 젊은 시절 어려움

없이 사셨던 분이 나이가 들어 마음고생과 몸 고생이 많으셨다. 그래도 힘들었던 인생의 큰 고비를 넘기고 잘 견뎌 내시고 건강하게 곁에 계신다. 예전에 매일 놀러만 다니시는 것도 속상했지만 이제는 그 좋아하시던 것을 끊고 무슨 재미로 사시나 안타깝기도 하다.

얼마 전 어머니가 며칠간 고향 친구를 만나고 오셨다. 어린 시절 초등학교를 함께 다니던 소꿉친구라고 하셨다. 그 시절에는 어머니 집이 종갓집이고 지역 유지였기 때문에 가난했던 그 친구랑은 잘 어울리지도 않으셨다고 한다. 그런데 지금 만나 보니 친구의 자식들은 석·박사로 잘 자라 국가기관에서 근무하고 있었고 그분도 아파트를 두 채나 보유하고 있었다고 한다.

만남 이후 어머니는 전에 없이 지난날들을 후회하는 모습을 보이셨다. 자신은 자식들을 힘들게만 했고 재산이랄 만한 것도 없기 때문이었다. 어느 순간 남은 것 없이 늙어 버린 어머니의 인생이 안타까웠다. 그리고 마음이 조급해졌다. 어머니를 다시 행복하게 해 드리고 싶어졌기 때문이다.

어머니는 인생을 어떻게 살아야 하는지를 모르셨다. 꿈도 없으셨고 단지 먹고사는 것이 중요했다. 그것이 해결되자 그 수준에서 머무르며 인생을 즐기신 것이다. 어머니 세대의 여성들이 대부분 그렇듯 아이 키우고 집안살림 하는 것으로 스스로를 한계 지은 것이다. 그 이상은 바라보지도 않으셨다. 그러한 생활만 하다 보니 인생이 굉장히 지루하고 따분했을 것이다. 인간은 늘 새로운 것을 찾는 존재니 말이다.

어머니를 이해하게 되니 안타까워 다시 좋은 시절을 안겨 드리고 싶어졌다. 하지만 어머니가 바라는 성공은 내가 생각하는 것과는 다르다. 어머니는 직장생활을 하며 급여를 많이 타 오는 것이 최고라 생각하셔서 내가 직장을 그만둘 때도 굉장히 서운해하셨다. 무조건 회사에 충성하라고 강조하셨고 남들과 다른 길을 가는 것은 위험하다고 여기셨다. 그리고 항상 아래를 보신다. 더 어려운 사람도 있으니 상대적으로 나는 살 만하다고 위안을 얻으시는 것 같다. 그 모습이 안쓰럽다. 위를 봐야 인생이 나아질 텐데 아래만 바라보니 자꾸 더 아래로 가라앉는 것 같아 속상하다. 결국 자식들도 남들 뒤꽁무니만 쫓아다니고 다른 사람들에게 굽실거리며 살아가라는 것이리라.

하지만 나는 다른 성공방식을 보여 드릴 것이다. 그렇게 남들 뒤꽁무니만 쫓아다녀서는 죽어도 성공할 수 없음을 알려 드릴 것이다. 평범함을 초월하고 자신만의 길을 찾아내야 진짜 성공이라는 것을 깨닫게 해 드리고 싶다.

나의 인생은 아직 반도 지나지 않았다. 누군가는 이 나이에 인생의 정점을 찍고 있을 것이다. 순간만 보았을 때는 다른 이의 인생이 더 성공한 인생으로 보일 수도 있다. 하지만 인생은 생각보다 길다. 그리고 나는 계속 나아지고 있다. 정신적으로도 경제적으로도 말이다. 나는 그동안 나를 단련시켜 왔다. 세상에 휘둘리지 않기 위해서였다. 경제적으로도 의식적으로도 단단해지기 위해 노력해 왔다. 이제 그 노력이 조금씩 열매를 맺고 있다.

앞서 지난날을 후회하시던 어머니에게 이렇게 말씀드렸다.

"엄마! 5년만 건강하게 기다려. 하고 싶은 것 마음껏 하게 해 줄 테니까!"

비행기가 하늘로 뜨기 위해서는 긴 활주로를 달려 속도를 높이고 양력을 가득 받아야 한다. 그만큼 충분한 시간을 필요로 한다. 나는 너무 조급하게 비행기를 띄워 또다시 주저앉고 싶지는 않았다. 가진 것 없이 시작했기에 좀 더 긴 시간을 기반을 잡는 데 투자했다. 쉽게 무너지거나 휘둘리지 않으려고 애써 왔다.

어머니에게 지킬 수 없는 약속은 드리지 않았다. 내가 진짜 할 수 있는 것을 이루어 보여 드릴 것이다. 그것은 세상을 이기고 살아가는 모습일 것이다. 어머니의 딸로서 힘든 시절도 있었지만 그 경험을 지렛대 삼아 성장했음을 보여 드릴 것이다.

어머니는 마음속으로 자녀들에게 미안한 마음을 갖고 계신다.

그 마음을 말끔히 씻어 드리고 평범함 이상의 삶을 누리도록 해 드릴 것이다. 그리고 어머니로 인한 고생들이 하나도 힘들지 않았음을 알려 드릴 것이다. 모두 피와 살이 된 값진 경험들이었고 그래서 이렇게 잘 성장할 수 있었다고 말이다. 그래서 매우 고맙게 생각한다고 말이다.

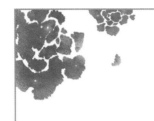

27

부모님과 함께
크루즈 여행 하기

임원화

'임마이티 컴퍼니' 대표, 마인드 모티베이터, 동기부여 강연가, 몰입독서 및 책 쓰기 코치,
1인 기업 멘토, 책 쓰는 간호사

모두의 잠재력을 깨우는 기업 '임마이티 컴퍼니' 대표로 집필, 강연, 코칭, 컨설팅, 특강, 워크
숍, 칼럼 기고 등을 활발히 진행하고 있다. 지식과 경험을 나누는 메신저로 다양한 대중들과
소통하고 있으며, 책 쓰기를 기반으로 1인 기업가를 시작하는 이들의 멘토로 활약하고 있다.
저서로는《하루 10분 독서의 힘》,《한 권으로 끝내는 책쓰기 특강》외 7권이 있다.
E-mail immighty@naver.com
Blog www.dreamdrawing.co.kr
Cafe www.immighty.co.kr
C · P 010-8330-2638

이른 오전부터 컨설팅을 하며 바쁜 일정을 보내던 중이었다.
빨간 장미가 가득한 꽃바구니와 케이크가 사무실로 배달되었다
는 연락을 받았다. 수업을 듣거나 프로그램을 들은 분들이 감사
한 마음을 담아 선물을 주는 경우가 있기에 수강생 중 한 명이
보냈으리라 여겼다. 아니면 다음 날이 내 생일이라 남편이 깜짝
놀라게 해 주려고 준비한 이벤트인 줄 알았다. 하지만 사무실에
도착해 보니 꽃바구니의 분홍색 리본에 '생일을 축하합니다. 사랑
하는 시어머니, 시아버지가'라는 문구가 새겨져 있었다. 지방에 계
신 시부모님께서 며느리의 생일을 축하하기 위해 꽃바구니와 케

이크를 보내 주신 것이다.

나는 참 운이 좋은 사람이다. 성실하고 가정적인 부모님의 사랑과 관심 속에서 자존감이 높은 사람으로 성장했다. 남부러울 것 없는 유복한 가정은 아니었지만, 나를 전적으로 믿어 준 부모님이 계셨기에 매 순간 든든했다.

내게는 소중한 부모님이 또 계신다. 2년 전 결혼하면서 가족이 된 시부모님이다. 대한민국에서 결혼한 여자라면 피할 수 없다는 '시월드'가 뭔지 나는 모른다. '고부갈등' 또한 겪어 본 적이 없다. 참 다행스럽게도 내 일을 응원해 주시는 시어머님을 만났다. 살림이라고는 도통 모르는 데다 서툴고 부족한 며느리임에도 항상 배려해 주시고 애정으로 대해 주신다. 또한 같은 여자로서 멋있다고 수시로 칭찬해 주신다. 참으로 감사하고 행복한 일이다.

나는 대학병원 중환자실에서 간호사로 근무했었다. 힘든 시기를 극복하기 위해 책을 읽고 책을 썼다. 글과 강연으로 대중과 소통하고 싶어 안정적인 직장을 사직하고 1인 기업가가 되었다. 주어진 일만 하던 세상 물정 모르는 직장인에서 1인 기업가로 홀로 서는 과정은 많이 힘들었다. 하지만 하고 싶은 일에만 오롯이 집중하고 앞만 보며 달려왔다. 그 결과 현재 억대 수입의 1인 기업가가 되었다. 그리고 꿈꾸던 많은 것들을 이뤘다.

나의 노력과 열정만으로 이뤄진 것은 아니다. 보이지 않는 많은 것들이 지금의 결과를 이끌었다. 바로 부모님들의 사랑과 배려 덕분이다. 식당을 운영 중이신 시어머님은 바쁜 나를 배려해 반찬과 국 등을 택배로 보내 주신다. 어릴 적 세 남매를 키우면서도 꾸준히 일을 놓지 않으셨던 나의 어머니는 책이 출간될 때마다 영업력을 발휘해 책을 홍보해 주신다. 시아버님은 회사 교육 담당자에게 며느리가 작가이자 강연가라며 적극적으로 추천해 주신다. 아버지는 항상 건강과 안전을 챙기며 내 미래를 응원해 주시는, 나와 가장 닮은 꿈친구다. 네 분의 따뜻한 관심과 지원이 있었기에 나는 내가 원하는 일에만 집중할 수 있었다. 부모님들이 나를 자랑스럽게 여겨 주시는 것이 현재 나의 가장 큰 에너지원이다.

부모님과 시부모님 모두 건강하시고 현재 자신의 일을 열심히 하고 계신다. 친정과 시댁의 위치가 5분 거리이기에 명절이나 가족 행사 때 양쪽 집을 자유롭게 오간다. 또한 시어머님과 어머니는 서로 소식도 공유하고 음식도 나눠 드시며 잘 지내신다.

부모님과 시부모님은 넉넉하지 않은 조건에서 열심히 살아오셨다. 단칸방부터 시작해 살림살이를 하나씩 채워 나가며 자식의 앞날을 위해 한평생 매진하셨다. 이제는 자신의 인생을 위해 즐겁게 사셨으면 한다. 하고 싶은 일이 있으면 바로 하고, 갖고 싶은 것이 있으면 바로 살 수 있게 해 드리는 것이 나의 목표다. 시간은

유한한 것이 아니기에 하루라도 더 빨리 좋은 것들을 누리셨으면
한다. 조금이라도 더 건강하실 때 인생을 즐길 수 있게 해 드리고
싶다.

완벽한 때란 없다. 모든 것이 안정되어 비로소 부담 없이 무언
가를 해 드릴 수 있을 때, 부모님은 우리 곁에 계시지 않을 수도
있다. '그때 잘해 드릴걸', '왜 함께 여행 한 번 가지 않았을까' 하
고 후회하는 자식이 되고 싶지 않다.

나는 조금 무리가 되더라도 부모님께 최대한 해 드리고 있다.
몇 달 전 시아버님 환갑에는 용돈으로 쓰시라고 100만 원을 드렸
다. 그리고 시아버님이 기르시던 개가 갑자기 죽어 바로 강아지를
입양해 드렸다. 시댁에서 부엌 구조 변경 공사를 하게 되어 냉장고
를 사 드렸고, 최근 입금된 인세는 첫 책부터 홍보하느라 고생하
신 어머니께 모두 드렸다.

부모님의 생신이나 어버이날에 금일봉을 챙겨 드릴 수 있어 기
쁘다. 예전에 비해 시간적으로도 여유가 있어 두 달에 한 번씩 지
방에 내려가 부모님을 방문하고 있다. 시댁이자 친정인 경남 진주
쪽에 지방 강연이 있을 때마다 가서 어머니의 사랑이 듬뿍 담긴
집밥을 먹거나 시어머님의 식당에서 맛있는 요리를 먹고 힘을 낸
다. 이렇게 고마운 부모님들께 무언가를 해 드릴 수 있다는 것은
더없이 큰 기쁨이다.

현재 나의 목표는 더 넓고 멋진 집으로 이사하는 것이다. 이사한 집에 네 분을 모셔 맛있는 음식을 먹으며 도란도란 이야기를 나누고 싶다. 새집은 방이 4개고 화장실이 2개라 네 분이 머무시기에 충분하다. 멋지게 인테리어가 된 밝고 아늑한 집이라 불편함 없이 지내실 수 있다. 탁 트인 탄천 전망을 바라보며 네 분과 함께 시원한 가을밤을 산책할 것이다. 또한 벤츠, BMW를 타고 다 함께 맛집으로 외식을 하러 가는 모습도 생생하게 상상해 본다.

가장 궁극적인 목표이자 아름다운 상상은 바로 부모님과 함께 '크루즈 여행'을 하는 것이다. 누구나 부모님과 함께 해외의 고급 호텔이나 리조트에서 휴양을 즐기며 산해진미를 먹고 싶을 것이다. 크루즈 여행이라면 이 모든 바람을 한 번에 실현할 수 있다.

크루즈 여행은 배로 여러 곳을 이동하기에 일반 해외여행보다 체력 소모가 덜하다. 덥거나 추운 계절의 영향을 덜 받기에 부모님과 함께하는 여행으로 적합하다. 북유럽으로 가는 것도 좋을 것 같고, 지중해로 가는 코스도 좋을 것 같다. 어떤 곳이 목적지가 되더라도 소중한 사람들과 함께 보내는 시간은 소중하고 애틋할 것이다. 열흘 동안 크루즈 여행을 하시며 만족하신 부모님들이 "너희들 덕분에 이렇게 크루즈 여행도 하고, 인생 잘 살았다. 고맙다."라고 말씀하시는 상상만으로도 마음이 충만해진다. 지금 하고 있는 일을 더 열심히 해야겠다는 강렬한 열망도 생긴다.

한평생 자식을 위해 많은 것을 양보해 오신 부모님이 아직 건강하실 때 다양한 체험을 하자. 하루라도 더 빨리 좋은 곳을 함께 가고, 맛있는 것을 같이 먹으며 소중한 기억을 채워 나가자. 훗날 부모님들이 우리의 곁을 떠나는 순간을 막을 수는 없겠지만, 즐거웠던 순간을 담은 사진은 언제든 꺼내 볼 수 있을 것이다. 넓은 바다를 가르는 크루즈 선상 위 가장 밝은 햇살이 비치는 곳에서 부모님과 함께 사진을 찍을 것이다. 인생 최고의 순간을 담은 그들의 행복한 얼굴을 영원히 기억할 것이다.

28

더 크게 성공해
은혜에 꼭 보답하기

김미정

동기부여가, 자기계발 작가, 가치변화 메신저, '은퇴창업연구소' 코치, (주)지강투자법인 대표
자기계발을 통해 가치를 변화시키고자 행복하게 글을 쓰는 중이다. 더 나은 미래를 위해 변화
를 원하는 모든 이들에게 인생의 경험을 나누어 주고자 한다. 의식을 공유하는 가치변화 메신
저와 '은퇴창업연구소' 코치로 활동 중이다. 현재 은퇴 준비를 위한 개인저서를 집필 중이다.
E-mail pre-retire@naver.com
Blog http://blog.naver.com/pre-retire
Kakaotalk ID 1004coaching

　　결혼하고 자식을 키워 보니 부모님을 생각할 때면 늘 고마움과 애잔함이 같이 묻어난다. 두 분은 6.25전쟁 전후로 태어나 어려운 시절을 성실함과 부지런함으로 살아오셨다. 아버지는 가난한 집의 장남으로, 어린 시절부터 생업전선에 뛰어들어 가족들을 돌보셨다. 어머니는 청춘을 즐길 겨를도 없이 꽃다운 나이에 가난한 집으로 시집와서 가족들을 살뜰히 챙기며 살림을 일구셨다.

　　나는 두 분 사이에서 장녀로 태어났다. 집이 가난해 병원에서 출산할 형편이 못 되었다. 어머니는 이틀 동안 집에서 진통을 견디다 할 수 없이 새벽에 동네의 작은 병원에서 나를 낳았다. 할머니는 동네 일수꾼에게서 돈을 빌려 병원비를 계산했다. 그렇게 나는 빚으로 빚을 보게 되었다.

부모님에 비하면 나는 아주 복이 많다. 부모님 덕에 큰 어려움 없이 공부했고 결혼해 자식을 낳았다. 아버지께 고마운 것 중 하나는 "미정이 넌 참 복이 많은 사람이야."라고 자주 말씀해 주신 것이다. 그 말씀 덕분에 나는 복이 많은 사람이 되었다. 살면서 실패와 좌절 같은 부정적인 일들을 만날 수밖에 없다. 인생이란 희로애락이 섞여 있는 것이기 때문이다. 그렇지만 아버지가 해 주신 말씀 덕분에 지금도 나는 복이 많은 사람으로 살고 있다.

30대에 결혼을 하고 1년이 지나 첫아들을 출산했다. 나이를 먹고 뭐든지 할 수 있다고 생각했는데 아이를 키우는 것에서는 왕초보였다. 지금도 서투르긴 마찬가지다. 20대 초반에 결혼한 부모님을 생각해 보면 감히 명함도 내밀 수 없다. 어린 시절 살던 동네에서는 물도 길어다 썼고 밤마다 연탄불을 갈았다. 어려운 살림에도 3남매를 키워 내신 부모님이 존경스럽다.

"내 입으로 들어가는 것보다 자식의 입에 음식이 들어가는 것을 보는 것이 더 배부르다."

이 말을 첫아들을 키우며 경험했다. 나는 먹는 것을 즐긴다. 그런 내가 배가 고픈데도 불구하고 아이를 위해 맛있는 것을 남기거나 먼저 먹이게 되었다. 조그만 아이의 입으로 맛난 음식이 들어가는 것을 볼 때의 기분은 경험해 보지 않은 사람은 알 수 없다. '아! 부모란 이런 것이구나. 나보다 자식을 먼저 생각하는 마음을 가지고 행동하게 되는 것이구나.' 나를 위하는 것보다 자식을 위하는 것이 큰 기쁨이라는 것을 느끼게 되었다.

첫째 아이는 어느새 자라 어엿한 초등학교 6학년이 되었다. 의사 표현도 확실하고 좋고 싫음이 분명하다. 그래서 자주 의견 충돌이 일어나기도 한다. 초등학교 6학년 아이를 둔 부모들은 자식과 함께 청소년으로 성장하는 과도기에 있다. 학업이나 사춘기의 징후들로 몸살을 앓을 준비를 하기도 한다. 부모님도 어린 시절 우리 3남매의 사춘기를 거치며 마음의 아픔을 겪었지만 세월이 치유해 주었다.

나는 둘째가 유치원을 가면서부터 시간을 알차게 보내고 있다. 건강관리와 미래에 대한 준비를 착실히 시작했다. 나는 부모님을 보면서 성실함과 부지런함을 배웠다. 그래서 자식들에게도 성실함과 부지런함 그리고 꾸준히 노력하는 모습을 보여 주고 싶다. 배우지 않아도 자연스럽게 스며들기를 바란다. 지금은 부모의 역할이 중요한 시기이기 때문이다.

부모님은 전통시장에서 도매업을 하신다. 아침 7시에 가게 문을 열고 오후 6시면 집에 오신다. 월요일부터 토요일까지 주 6일을 35년 동안 꾸준히 장사해 오셨다. 시장 상인들과도 호형호제하며 친하게 지내셨다. 시장의 가게들은 다닥다닥 붙어 있어 옆 가게 가정 소식도 알기 쉽다. 서로 자식들 소식을 전하며 이야기꽃을 피우는 시간이 많다.

대학원을 졸업하고 대학에서 시간강사를 할 때였다. 부모님 가게에 가면 늘 주변 분들이 "교수님 오셨네."라며 반겨 주셨다. 그러면 나는 멋쩍게 인사를 건네곤 했다. 정식 교수가 아니었기 때문이다. "누구네 자식은 사법고시에 합격했단다.", "누구네 아들은 학원 강산데 월급을 500만 원이나 받는다더라." 하는 이야기도 종종 들었다. 그런 이야기를 들을 때면 초라해지는 기분이 들기도 했다. '그래, 꼭 성공해서 보란 듯이 명성을 안겨 드리자!'라고 다짐했다.

나는 미래를 위한 준비로 작가의 길을 택했다. 제2의 인생에서는 성공한 작가로 이름을 드높이고자 한다. 나의 롤모델인 김태광 작가를 보며 한 걸음씩 성공의 문을 향해 다가가고 있다. 작가라고 해서 모두 성공하는 것은 아니다. 그렇지만 어린 시절 다짐했던 목표를 아직도 잊지 않고 있기에 성공은 나의 것임을 확신한다.

나는 자기계발 작가로서 메신저가 되어 사람들을 돕고 싶다. 나와 함께 좀 더 보람찬 인생을 살 수 있도록 힘이 되어 주고 싶다. 그 첫 번째 대상이 나의 남편이다. 같이 살면서부터 나의 코칭이 시작되었다. 결혼 당시 남편은 회사의 말단 사원이었지만 이제는 한 부서를 책임지는 팀장이 되었다. 자신의 노력으로 이루었다고 말할 수도 있다. 하지만 가정이나 회사에 여러 가지 고민이 생겼을 때 나와 상의해 해결점을 찾았다. 나는 시간이 날 때마다 남편에게 상급직으로 갈 것에 대비해 교육도 받고 준비하라고 코칭했다. 때론 나도 남편의 코칭에 힘을 얻기도 했다. 우리 부부는 서로 의지하고 늘 고마움과 사랑을 표현한다. 또한 자기계발 작가로서 제2의 인생을 같이 설계하고 있다.

'호랑이는 죽어서 가죽을 남기고 사람은 죽어서 이름을 남긴다'라는 속담이 있다. 책을 쓴다는 것은 이름을 후세에 길이 남기는 일임에 틀림없다. 책을 쓰면서 나를 좀 더 알게 되고 이해하게 되었다. 나를 이해하고 나니 다른 이를 도울 방법도 더 많이 생각났다. 도움을 주고받을 수 있는 사람이 된다는 것은 참으로 행복한 일이다. 당신도 행복한 인생을 살고 싶지 않은가? 당장 당신의 이야기를 책으로 엮어 보라.

부모에게 물질적으로 풍요로움을 제공하는 것도 물론 효도다. 필요로 할 때 넉넉히 용돈을 드린다거나 사야 할 물건을 제때 사다 드리는 것도 필요하다. 부모님께 꼭 해 드리고 싶은 한 가지를 꼽으라면 장녀로서 더 크게 성공해 두 분의 은혜에 보답하는 것이다. 좋은 장소에서 즐거운 시간을 함께 보내고 싶다. 성공한 나를

보면서 여한이 없다고 말씀하시는 것을 듣고 싶다. 결혼생활을 잘
해 주어서, 자식들을 잘 키워서 대견하다는 말씀도 듣고 싶다. 성
공한 네가 자랑스럽다는 말씀을 꼭 들을 것이다.

　주위 분들에게 우리 부모님이 자랑스러운 부모상으로 여겨지리
라는 것을 믿어 의심치 않는다. 어려움이 없는 가정은 없다. 모든
어려움을 이겨 내고 여유롭고 편안한 모습으로 주위 사람들에게
비춰진다는 것은 인생의 마무리를 잘하고 있는 것이라 여겨진다.
가까이에서 자식들이 오순도순 사는 모습을 바라보며 흐뭇해하고
계신 부모님께서 지금처럼 건강하게 사시기를 염원한다.

　"아버지, 어머니. 두 분의 장녀로 태어나서 정말 행복해요. 어
려운 환경에서도 우리 3남매를 잘 키워 주셔서 고맙습니다. 사랑
해요."

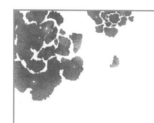

29

자유로운 삶을
찾아 드리기

이준희

동기부여가, 강연가, 성공학 메신저, 자기계발 작가
24년 차 직장인으로, 자신만의 꿈을 찾아 특별한 삶을 살아가도록 도움을 주는 사람이 되고자
한다. 책 쓰기를 통해 꿈맥을 찾고 이루고자 하는 가치 있는 삶을 살고 있다. 강연 활동과 꿈맥
친구들과의 교류를 통해 꿈을 가꾸는 삶을 지향한다.
E-mail Ljunhee1@naver.com

나는 아버지와의 추억을 떠올려 봐도 딱히 생각나는 것이 없
다. 어렴풋이 얼굴만 생각난다. 왜냐하면 아버지는 내가 여섯 살
때 교통사고로 돌아가셨기 때문이다. 그땐 너무 어려 아무것도 모
르고 장지에서 놀던 기억만 남아 있다. 어머니가 왜 그토록 슬피
우셨는지는 조금 더 커서야 알게 되었다. 나는 죽음이 무엇인지도
모르는 나이에 아버지를 하늘나라로 보내야만 했다.

아버지가 돌아가신 뒤로 어머니는 홀로 형과 나를 키우셨다.
아버지께서 개인사업을 하던 중에 갑자기 교통사고로 돌아가셨기
에 가정형편이 매우 어려워졌다. 이사도 여러 번 다녔다. 어린 두

아들을 데리고 혼자 생활을 책임지신 어머니를 생각하니 아직도 가슴이 많이 아프다.

어머니는 60세 이후로 자주 넘어지셨다. 병원을 찾아 정밀검사를 받았다. 병명은 '척추 손상 및 신경 눌림에 의한 하지 저림'이었다. 차후로도 넘어짐이 반복될 수 있다고 했다. 병원에서는 수술을 권유했다. 1차로 척추 손상 부위를 수술하고 상태가 호전되는 듯했다. 그렇지만 몇 년 지나지 않아 또 다른 신경 눌림으로 2차 척추 수술을 받았다. 다시 손의 마비 증상과 머리 흔들림으로 목 디스크 수술까지 받게 되었다.

수술 후에는 합병증으로 더욱 힘든 시간을 보내셨다. 나도 많이 힘들었지만 어머니 앞에서는 항상 밝게 웃으며 간병에 최선을 다했다. 매일 저녁 완쾌된 어머니의 모습을 상상하며 잠이 들곤 했다. 다행히 두 달이 지나자 상태가 약간 호전되어 어머니는 퇴원하셨다. 10년 이상 시간과 돈을 들여 수술과 퇴원을 반복했지만 아직까지 완전히 좋아지지는 않았다. 지금도 신경계에는 이상이 없으나 알 수 없는 원인으로 제대로 걸을 수가 없어 전동휠체어에 의지해 생활하신다.

남에게 의존하지 않고 자존심이 강한 어머니는 수술 후 일상생활에 적응하기 힘드셨을 텐데도 내색하지 않으셨다. 하지마비 장애를 입은 사람들은 매일 재활치료를 받고 운동을 해서 근육이 굳어지지 않도록 해야 한다. 사용하지 않는 근육은 서서히 신경이 죽어 버리기 때문이다. 어머니도 근육이 굳어지지 않도록 일주일에 2~3번 정도 수영치료를 받으며 현 상태를 유지하기 위해 노력 중이시다.

나의 소망은 자유롭게 걸어 다니시는 어머니의 모습을 보는 것이다. 어머니도 걷고 싶은 마음이 간절하실 것이다. 어머니를 위해 다음과 같은 선물을 해 드리고 싶다.

- 재활 로봇 보조기 사 드리기
- 전담 재활치료 주치의 두기
- 앞마당이 있는 빌딩 사 드리기
- 해외여행과 크루즈 여행 함께 하기

며칠 전 〈중앙일보〉에서 '로봇 입고 성큼성큼… 하반신 마비 20년 만의 기적'이라는 기사를 보았다. 1997년 뺑소니 사고를 당해 하반신이 완전히 마비된 지 20년째인 김씨는 "척수 장애인의 바람은 두 다리로 곧게 서서 조금이라도 걸을 수 있는 것이다. 선다는 것 자체가 기쁘다."라고 말했다. 이렇게 하반신 마비 장애인의 희망을 이뤄주기 위해 국내외 다양한 연구진들이 로봇 보조 보행훈련치료를 연구하고 있다. 어머니도 이런 로봇 보조기를 입으면 자유롭게 걸을 수 있을 것이다. 장애인이 감당할 수 있도록 보조기의 경량화와 안정성 검증이 꼭 필요하다. 기술이 빠르게 발전하고 있지만 일상생활에 적용하기까지 많은 시간이 걸릴 것이라 예상한다.

어머니가 새로운 보조기를 착용할 수 있을 때까지 전담 재활치료 주치의를 두고 싶다. 전담 주치의는 주기적인 검진과 반복적인 운동을 통해 근력을 키우고 합병증이 오지 않도록 최선을 다해 줄 것이다. 그러면 어머니의 건강 상태는 점진적으로 호전될 것이고 걸을 수 있게 될 것이다.

"앉아서만 생활하던 장애인이 일어나 움직이게 되면 뼈와 관절이 튼튼해지고 심장·콩팥·폐 기능이 좋아진다."라고 의사들은 말한다. 그러나 더 좋은 기술이 개발되어 제품이 나오더라도 실제로 치료를 받을 수 있으려면 많은 시간과 돈이 필요하다. 회사원인 나에게는 아직 그럴 만한 재력이 없다. 부를 끌어당기고 돈을 벌어야겠다는 생각이 절실하다.

〈한책협〉의 김태광 코치는 "하루에 꼭 10만 원을 벌어야 합니까? 하루에 1,000만 원, 1억 원을 벌면 안 됩니까?"라고 말했다. 이 말을 듣는 순간 나는 큰 충격을 받았다. 20년 넘게 회사생활을 하고 성실히 노력하면 성공한 것인 줄로만 알았다. 상위 직급으로 승진해 매달 들어오는 월급에 감사하고 조금씩 저축도 하며 생활하는 것이 최선이라고 생각했다. 하지만 내 월급은 4인 가족이 쓰기에도 빠듯했다. 지금 내 상황으로는 5년 뒤에 첨단기술이 나온다고 해도 어머니가 혜택을 받을 수 있도록 해 드릴 수 없다.

앞으로는 좀 더 적극적으로 나의 꿈을 이루기 위해 노력할 것이다. 이는 책을 쓰고 자기계발 강연을 해서 새로운 세상을 만들어 갈 때 가능하다. 성공하고 싶다면 성공자를 따라 하면 된다는 진리를 배워 나가고 있다.

연봉 10억 원은 충분히 달성할 것이다. 돈 걱정 없이 매일 재활치료도 받게 해 드리고 전담 주치의를 두어 어머니의 건강 상태를 체크할 것이다. 또한 재활 로봇을 입고 걸어 다닐 수 있도록 해 드릴 것이다. 그리고 더 이상 고생하지 않고 생활하실 수 있도록 작은 빌딩도 사 드리고 싶다. 내부에는 물료치료 시설이 완비되어 있고, 일부는 임대를 놓아 생활비를 충당할 수 있도록 해 드리고 싶다.

어머니가 아프신 이후로 함께 여행을 가 보지 못했다. 몸이 불편하시다 보니 움직이는 것도 많이 힘들어하셨다. 자유롭게 걷게 되시면 가족들과 함께 해외여행과 크루즈 여행을 하고 싶다. 시간에 구애받지 않고 자유로이 바닷가에서 휴양할 수 있는 시간을 어머니께 만들어 드리고 싶다. 해변에서 손자 지훈이, 강훈이랑 같이 손잡고 산책도 하고 저녁노을도 바라보며 행복한 추억을 쌓게 해 드리고 싶다. 그리고 이 말을 꼭 드리고 싶다.

"어린 아들이 벌써 40대 중반이 되어 두 아들의 아빠가 되었어요. 자식을 키우는 것이 얼마나 힘들고 어려운지 이제야 알게 되었지요. 부부가 함께 키워도 이렇게 힘든데 어머니 혼자서 저희를 키우시느라 얼마나 힘드셨을지 생각하니 마음이 아파요. 넘어지면 다칠까, 눈에 넣어도 아프지 않은 자식들을 보면서 힘든 세상을 참고 견뎌 내셨을 어머니. 저희 두 형제 키운다고 정말 고생 많으셨어요. 고마워요. 앞으로 어머니께 받은 사랑만큼 자유로운 어머니의 삶을 다시 찾아 드리고 싶어요. 사랑해요. 어머니."

"아버지, 일찍 우리 곁을 떠난 당신을 원망했던 적도 있었어요. 하지만 이제는 아버지 덕분에 이만큼 행복해질 수 있었다고 생각해요. 형과 저를 낳아 주셔서 고마워요. 더 크게 성공할 우리 가족을 응원해 주세요. 사랑해요! 아버지."

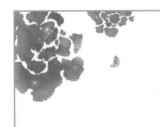

30

온 가족이 다 함께
해외여행 떠나기

박지영

통번역사, 통번역 메신저, 영어강사, 동기부여 영어 멘토
한전KPS에서 영어통번역사로 재직 중이다. 안정적인 공기업을 그만두고 통번역대학원에 진학해 통번역사의 꿈을 이루고 활발히 활동하고 있다. 통역사를 꿈꾸는 이들을 돕기 위한 통번역사 메신저를 목표로 노력 중이다. 현재 영어 학습 및 동기부여를 동시에 달성할 수 있는 프로그램을 개발 중이다. 저서로는 《미래일기》가 있다.
E-mail phat337@hanmail.net

    흥분된 표정을 감추지 못하고 연신 웃으시며 "좋네, 좋아."를 반복하시는 엄마. 이것저것 버튼을 눌러 보시며 흥밋거리에 학구열을 보이고 계신 아빠. 널찍하게 자리를 차지하고는 서로 간지럼을 태우며 재잘대는 조카들. 살인적인 스케줄 가운데 얼마만의 휴가냐며 들떠 있다 이내 잠들어 버린 동생네 부부. 그리고 이 모든 것들과 공기마저 행복한 나와 남편. 완전체가 된 우리 가족은 지금 이탈리아로 향하는 비행기의 비즈니스클래스 한 구역을 당당히 차지하고 있다.

    이탈리아 레오나르도 다빈치 국제공항에 도착하면 우리 가족만을 위한 가이드가 기다리고 있을 것이다. 우리만을 위한 일정을 여유롭게 만끽할 열흘간의 시간이 말도 못하게 기다려진다. 12시간이 넘어가는 비행시간도 거뜬히 견딜 만큼 비즈니스석이 주는 여유는 공간의 여유뿐만이 아닌 듯하다. 마음 또한 여유로워진다. 부모님은 항상 성한 다리로 걸을 수 있을 때 꼭 한 번 가족이 다함께 여행을 가고 싶다고 노래를 부르셨다. 그런 부모님의 결혼 40주년 기념으로 이번 여행을 선물해 드리게 되어 기쁘다. 2018년 10월의 어느 날, 지금 나를 감싸고 있는 모든 것들을 잊지 못할 것이다.

10여 년 전쯤 처음 해외로 가족여행을 다녀왔었다. 각자 짝이 생기기 전 부모님과 우리 남매가 갔었던 처음이자 마지막 가족여행이다. 엄마 생에 처음으로 크게 마음을 먹고 적금을 깨셨다. 나는 1년 넘게 공부해서 공기업에 입사한 뒤 어느 정도 안정기에 접어든 상태였고, 동생은 사법고시 2차를 보고 긍정적인 결과를 기다리던 중이었다.

그동안 고생한 우리와 이제야 자식농사를 마무리 지은 스스로에게 엄마가 주는 선물이었다. 빡빡한 패키지 일정으로 3개국을 돌아다니기가 만만치 않았다. 8일간 우리 가족은 어색하고도 행복한 시간을 보냈다. 왜 어색했을까. 생각해 보면 그럴 만도 하다.

어린 시절부터 나는 부모님과 하루 종일 같이 보낸 적이 거의 없다. 부모님 모두 일을 하셨다. 나와 동생은 친척들 집에 따로 맡겨져 일주일에 한 번 부모님을 만났다. 아빠는 국가직 공무원으로 일하셔서 전국 각지로 발령받아 떨어져 지내다 주말에만 보기 일쑤였다. 막내 이모가 우리 집에 살면서 우리를 돌봐 줬는데, 어리고 예뻤던 이모는 우리만 집에 남겨 놓고 외출하고는 했다.

하루는 집에 동생과 둘이 있는데 초인종 소리가 들렸다. 먼 삼촌이라는 분이 집에 와서 방문을 잠그고 창문을 열어 이리저리 살폈던 기억이 난다. 나를 안으며 예쁘다 하기도 했는데 지금 생각하면 말도 못하게 소름이 끼친다. 다행히 하나님이 도우셔서 우리 둘은 아무 탈 없이 자랐다. 비 오는 날 우산을 들고 학교로 데리러 오시는 친구 엄마를 볼 때면 부럽다는 생각조차 못했다. 그냥 우리 엄마는 원래 못 오신다고 생각했다. 나도 초등학생이면서 엄마를 대신해 동생의 책가방을 챙기고 동생이 다니던 선교원의 학부모 모임에 나가기도 했다.

학년이 올라가면서 동생을 돌보고 집을 청소하는 생활에 익숙해졌다. 그 무렵부터 엄마가 아프기 시작했다. 알레르기 천식이었다. 지금은 흔하지만 당시에는 그 질환을 앓는 사람들이 거의 없었다. 무섭고 가여웠다. 한번 기침이 시작되면 멈추기 힘들고 호흡이 가빠지면 호흡기 없이는 숨을 쉴 수 없다. 엄마와 헤어져 지내는 기간에 가는 곳은 방학 때마다 가는 외할머니댁이 전부라 생각했는데 엄마의 병세가 심해지면서 큰아버지댁에서 학교를 다니기도 했다. 엄마는 며칠 쉬신 것 말고는 일을 계속하시면서 몇 년을 약물치료를 받으며 천식을 견디고 이겨 내셨다. 엄마가 숨을 거칠게 쉬기 시작하면 동생과 나는 천식호흡기를 찾기 바빴다.

그렇게 나는 조숙한 아이로 자랄 수밖에 없었다. 아프면 예민해질 수밖에 없다는 것을 이제는 알지만 어린 시절 작은 것에도 크게 화를 내시는 엄마가 그저 무섭기만 했다.

대학생 때까지만 해도 그저 상처였다. 엄마는 왜 나와 함께해 주지 않았을까. 왜 그렇게 무섭기만 했을까. 학창시절에는 왜 그리 공부하라 닦달하셨을까. 대학교에 가서도 원망과 방황은 계속되었다.

사회생활을 하면서부터 부모님을 이해할 수 있었다. 엄마는 나를 위해 새벽부터 일어나 아침 식사를 차려 주셨고, 하루도 도시락을 싸 주지 않은 적이 없었다. 나는 회사를 다니며 그동안 엄마가 얼마나 많이 인내하고 희생하며 생활했는지 알 수 있었다.

사회란 곳은 결코 여자들에게 만만한 곳이 아니었다. 남녀차별이라는 것을 처음 경험하고 화장실 안에서 문을 걸어 잠그고 숨죽여 울다가 "엄마가 일할 때는 공무원사회에서도 여자가 나 혼자였어. 어느 것 하나 여자를 배려해 주는 것도 없고 참 힘들었어. 그래도 버티고 버텼어. 너희들 때문에…"라던 엄마의 말이 떠올랐다. 얼마 안 되는 공무원 월급으로 우리 둘을 교육시키기 위해 엄마는 아파도, 천식에 숨이 차올라도 일을 그만두지 못하셨다. 여자 혼자서 얼마나 힘드셨을까. 남자들 틈에서 얼마나 많은 것들을 견디며 아픈 몸으로 눈치를 보셨을까. 부모님이 하나하나 이해될 때마다 마음 한구석이 시렸다.

그럼에도 불구하고 독한 엄마는 이해하기가 힘들었다. 엄마는 여자가 아닌 것 같았다. 생각해 보면 지금 내 나이에 아이 둘을 키우며 직장생활을 하고 아침밥을 먹이고 도시락을 싸셨다. 저녁에는 퇴근하며 바리바리 장을 봐서 버스도 안 닿는 언덕배기 집까지 팔이 떨어져 나가라 짐을 들고 와서 우리를 위해 씻지도 못하고 바로 저녁밥을 해 주셨다. 삶이 얼마나 무거웠을지, 사랑이 아니었으면 그리 못하셨을 텐데. 그때는 엄마가 날 사랑하지 않으셔서 짜증을 낸다고만 생각했다. 눈앞이 흐려 온다.

몇 달 전 뒤통수를 맞은 듯한 충격을 주는 이야기를 들었다. 부모님 모두 전라도 분이시다. 방학 때마다 내려갔던 전라도 익산 삼기는 그야말로 시골이다. 지금으로 따지면 공무원 같은 일을 하셨던 외할아버지는 6.25전쟁 때 북한군에게 여러 차례 고문을 받은 뒤 앓다가 엄마가 아홉 살 때 돌아가셨다고 한다.

외할머니는 홀로 6남매를 키우셨는데 오로지 종교에만 의지하면서 악바리처럼 사셨단다. 어떻게든 상황을 개선해 보고자 엄마는 고등학교를 졸업하자마자 열여덟 살에 무작정 서울에 살고 계셨던 엄마의 외삼촌댁으로 올라왔다. 그리고 공무원으로 일하셨는데 문간방에서 지내다 연탄가스 중독으로 세 번이나 죽을 뻔했다고 한다.

엄마가 이야기하시는 동안 어떤 말도 입에서 떨어지지 않았다. 눈물만 주르륵 흘러내렸다. 그래서 그토록 1,000원, 2,000원, 버스비마저 아끼며 생활하셨던 것이다. 본인은 1만 원짜리 옷도 잘 안 사 입으시면서 나는 백화점에서 옷을 사 주셨다. 모든 것들이 이해되었고 이해는 애잔함으로 이어졌다. 엄마에게 삶이란 생존이었고, 생존을 위한 엄마의 최선은 월급을 아끼며 열심히 사는 것이었다. 나는 엄마보다는 조금 더 편하게 살았으면 좋겠다고 생각하셔서 그렇게 결혼을 밀어붙이셨던 것이다.

아빠도 고등학교를 졸업하자마자 서울로 상경해 9급 공무원부터 시작해서 기관장 청장으로 은퇴하셨다. 공무원들 진급시험 중 행정고시에 해당하는 시험에서 수석을 하시고 청렴결백하게 열심히 일하셨기에 가능한 일이었다. 아무것도 없이 오직 노력만으로 모든 것을 이뤄 내신 것이다. 부모님에게는 나와 동생이 공부 잘하는 것이 유일한 기쁨이었다. 그런 부모님께 난 아직도 아픈 손가락이다. 내 이혼은 나에게 여전히 큰 상처지만 부모님께도 말할 수 없는 아픔인 것이다.

엄마는 결국 몸이 안 좋아지셔서 내가 대학생 때 은퇴하셨다. 천식약을 오래 복용한 뒤로 고혈압을 앓으셨다. 그리고 작년엔 그로 인한 합병증으로 눈의 핏줄이 터졌고 심해지면 눈이 안 보여도 이상할 것 없다는 의사의 진단에 나의 이혼이 스트레스 요인인 것 같아 말도 못할 죄책감에 시달렸다. 아빠는 정년퇴직 후 심근경색으로 심장 안에 스텐트를 넣는 시술을 하셨다.

부모님은 하루하루 본인들 몸이 약해지는 것을 아시고는 몸이 그나마 괜찮을 때 가족끼리 여행을 가고 싶다 하신다. 내가 이혼하면서 폭풍을 겪느라 그리고 조카들이 생기면서 가족여행을 계획하기가 쉽지 않았다. 하지만 2018년 부모님의 결혼 40주년을 맞이해서 꼭 가족여행을 선물해 드리려 한다. 부모님이 조금이라도 더 건강히 움직이실 수 있을 때 온 가족이 함께 행복한 순간을 나누고 싶다.

입이 떡 벌어질 만한 호텔에서 조식을 먹으며 하루를 시작하고, 마사지를 받고 천국과도 같은 풍경들을 즐길 것이다. 로마에서 아이스크림을 먹고 밀라노에서 쇼핑을 한 뒤 베네치아에서 곤돌라를 탈 것이다. 프랑스 센 강에서 유람선을 타고 샹들리에 거리를 걷고 피사의 사탑에서 사진도 찍고 달팽이 고기도 먹고 베르사유 궁전도 둘러볼 것이다. 천국과도 같은 스위스 풍경을 눈에 잔뜩 담아 올 것이다. 그때보다 늘어난 식구들과 더 많은 시간을 여유롭고 행복하게 보낼 수만 있다면, 그래서 부모님이 행복하게 웃는 얼굴을 볼 수만 있다면 더할 나위 없이 행복할 것이다.

"엄마, 아빠! 많이 사랑하고 크게 존경합니다!"

송희진 · 김영돈 · 신상희
이지해 · 이지영 · 배선원
박서인 · 임동권 · 이선영

31 - 39

31

아버지께서 걱정하시지
않게 어머니 잘 모시기

송희진

입시학원 원장, 독서 코치, 교육상담 전문가, 변화경영 전문가
배고픈 성장기 아이처럼 책을 읽으며 삶의 변화를 꿈꾸고, 마침내 꿈꾸던 삶의 모습을 하나씩
완성해 가고 있다. '꿈대로 되는 사람'이라는 닉네임을 사랑하며, 소망이 이미 이루어진 듯 살
아가는 동기부여가, 변화경영 전문가. 책 읽고 책 쓰며 사업하는 작가로 삶을 뜨겁게 살아가고
있다. 많은 사람들이 '견딜 수 없는 인생'을 '멈출 수 없는 인생'으로 살아가도록 돕고자 관련
저서를 집필 중이다. 저서로는《하루 10분 아침독서 습관》,《미래일기》,《또라이들의 전성시
대》등이 있다.
E-mail pig4903@naver.com
Blog http://blog.naver.com/pig4903

아버지가 세상을 떠나신 지 3년이 지났다. 아버지는 유난히도
아름다운 가을날, 갑작스런 사고로 세상을 떠나셨다. 그래서 나
는 아버지께 작별인사를 할 시간이 없었다. 누군가 애타고 경황없
는 마음으로 생사를 넘나드는 부모님 곁을 지키고 있다면, 그래서
몇 번씩 작별인사를 건네고 있다면, 그는 나에게 가장 부러운 사
람이다. 그 순간이 다시 온다면 꼭 해 드리고 싶은 말이 있다.

"엄마는 걱정하지 마세요. 아버지는 좋은 아버지셨어요, 사랑
합니다."

이제는 이 짧은 인사가 천국을 향해 외치는 후회의 메아리가
되었다.

나의 부모님은 평생 농사를 지으시며 4남매를 키우셨다. 아무
것도 없이 결혼생활을 시작하신 부모님은 작은 시골마을에서도
가장 가난했다. 마을회관을 집 삼아 그곳에서 자식 넷을 낳아 키
우셨다. 부모님의 생활은 늘 고단했다. 어린 시절 기억을 떠올려
보면, 부모님은 항상 우리 4남매가 일어나기도 전에 일을 나가셔
서 밤늦은 시간에 돌아오셨다.

아버지에 대해 뚜렷하게 남아 있는 기억이 몇 가지 있다. 아버
지의 밥, 아버지의 작업복, 아버지의 땀 냄새, 아버지의 빵이다. 분
주한 농사철이면 아버지는 늘 제대로 된 식사를 한 끼도 못 하셨
다. 밥상도 없이 대충 마루에 걸터앉으셔서 김칫국에 밥 한 그릇
을 얼른 넘기시고 또 들로 나가셨다.

아버지의 옷은 늘 같았다. 땀에 흠뻑 젖은 작업복, 그 안에서
풍기는 아버지의 땀 냄새. 나는 아버지가 돌아가신 뒤 그 땀 냄새
가 가장 그립다. 한 해 농사일이 마무리되면 여기저기 공사현장에
일용직 노동자로 일을 나가셨다. 추운 새벽공기에 발을 동동 구르
고 손을 비비며 일을 나가셔서는 밤늦은 시간에야 돌아오셨다. 아
버지의 작업복 안주머니 깊숙한 곳에는 납작하게 눌린 빵이 하나
있었다. 노동현장에서 간식으로 받은 빵을 드시지 않고 항상 내

게 건네곤 하셨다. 지금 생각하니, 그 고단한 노동을 하며 배고픔을 어찌 견디셨을까? 아버지의 사랑에, 그리움에 또 눈물이 난다. 아버지 가슴에서 사랑으로 뜨겁게 다시 만들어진 그 빵이 세상에서 가장 맛있었다.

이제는 수없이 많은 '만약'이 가슴에 자리한다. 가난하지 않은 딸이었다면, 성공한 딸이었다면, 좀 더 애교 많은 딸이었다면…. 나는 아버지가 살아 계셨다면 꼭 해 드리고 싶은 것들이 있었다.

가장 먼저, 너무나도 열심히 사셨지만 항상 쌓여만 갔던 부모님의 빚을 갚아 드리고 싶었다. 우리 4남매가 장성할수록 부모님의 빚은 늘어만 갔다. 그래서 나는 빚을 모두 갚아 드리고 싶었다. 아버지가 돌아가신 뒤 우리에게 부담을 주지 않고 두 분의 힘으로 빚을 갚으시려고 무던히도 애쓰신 흔적들을 발견했을 때 가슴이 무너졌다. 이제는 모두 해결되어 마음이 편하다.

또 아버지께 꼭 해 드리고 싶은 것이 있었다. 아버지는 흥이 많으셨다. 술과 사람, 함께 어울려 춤추는 것 그리고 산에 다니시는 것을 참 좋아하셨다. 그때 찍은 사진 속 아버지는 행복해 보였다. 그런데 멋진 아웃도어 의류로 한껏 멋을 내신 친구분들과는 달리 아버지의 행색은 초라해 보였다. 그때만 해도 내 월급으로는 수십만 원씩 하는 옷들을 사 드릴 수가 없었다.

돌아가신 그해, 가을 산행에 입으시라 준비해 드린 점퍼는 가격표도 떼지 못하고 그대로 남겨졌다. 그래서 꽃놀이나 단풍놀이 계절이 되면, 가슴속 깊은 곳에 숨겨져 있던 감정이 불쑥 고개를 든다. 연세 지긋하신 어른들이 알록달록 고운 빛깔의 아웃도어 의류를 멋지게 차려입고 여기저기 앉아 계시는 모습, 나는 그 모습을 오랫동안 바라볼 수가 없다. 가슴 가득 어떤 그리움과 죄송스러움이 차오르기 때문이다.

아버지께 해 드리지 못한 많은 것들은 이제 홀로 남은 어머니께 해 드리고 싶은 것들이 되었다. 매년 기일이 될 때마다 아버지 영정사진 앞에서 드린 "아버지, 엄마는 걱정하지 마세요."라는 말을 꼭 지키고 싶다.

아버지가 계시지 않는 시골집은 참 쓸쓸하다. 돌아가신 첫해에는 엄마 손을 놓고 돌아설 때마다 눈앞이 흐려졌다. 뒤돌아보지 말아야지 하면서 소매로 눈물을 닦으며 마당을 걸어 나왔다. 꾸중 들은 어린애처럼 땅만 보고 걸으며 차에 올라타면 눈물이 터져 나왔다. 마음을 추스르고 돌아보면 여전히 동네 어귀에 서 계시는 엄마의 모습에, 텅 빈 시골집에 혼자 계실 엄마 생각에 또 마음이 애잔해졌다. 아직도 익숙하지 않은 이 이별의 애잔함은 언제쯤 괜찮아질까? 지금도 엄마 생각에 코허리가 시큰해진다.

가난한 아버지를 만나기도 전에 이미 가난한 집 7남매 중 맏

딸로 태어나신 엄마는 평생 가난이 숙명인 삶을 사셨다. 이제 자식들 모두 장성하고, 먹고살 만하니 홀로되셨다. 그런 엄마에게 딸로서 해 드리고 싶은 것들이 참 많다. 엄마의 어릴 적 꿈을 여쭤 보니, "그런 거 없다."라고 하신다. 무엇을 해 보고 싶으신지 여쭤 보아도 "이 나이에 뭘 혀? 자식들 건강하면 됐지."라고 하신다.

그래도 나는 집요하게 매번 같은 질문을 드려서 엄마의 어릴 적 꿈과 해 보고 싶으신 것을 알아냈다. 엄마는 그림공부를 해 보고 싶으시단다. 소녀시절 떠나온 섬마을이 아직도 눈에 선해 그 모습을 그려 보고 싶고, 아버지와 40여 년 함께한 시골집 들녘을 수채화로 남겨 보고 싶다고 하신다.

그때부터 나는 문화센터나 미술학원의 작은 광고지에서도 수채화 강좌만 있으면 눈여겨본다. 문구점에서 아이의 필기도구를 사다가도 미술용품들에 눈이 간다. 미술관이나 전시회도 시간이 날 때마다 다닌다. 미술에 대해 전혀 모르니, 엄마의 꿈을 이루어 드릴 방법을 찾아볼 생각에 자동반사적으로 일어나는 행동들이다. 나는 엄마의 소원을 꼭 들어 드릴 계획이다. 엄마의 그림에 작가인 딸이 글을 써서 책으로 내려고 한다. 살아오신 그 세월들, 그 풍경들을 엮어 책으로 지어 볼 생각이다.

그리고 넓은 텃밭이 있는 현대식 한옥을 멋지게 지어서 엄마를 모시고 살고 싶다. 지금은 함께 살자고 말씀을 드려도 싫다고 하신다. 평생 시골에 사셔서 아파트에서는 죽어도 살 수 없을 것 같다고 하신다. 그래서 나는 멋진 현대식 한옥을 지어야겠다는 생각을 했다. 요즘은 어딜 가나 조용하고 넓은 땅을 보면 엄마와 함께 살 한옥 한 채를 마음속에서 짓곤 한다. 그곳 벽마다 엄마가 그린 수채화 몇 점을 다양한 크기로 걸어 두고, 천장 높이까지 짠 책장에 책이 가득 꽂힌 모습을 상상하는 것만으로도 감동적이고 행복하다. 집 안에서 바라보는 풍경이 가장 좋은 곳에 큰 창을 내어 엄마의 작업실로 내어 드리고, 마당 가득 계절마다 다른 꽃들을 피워 내는 꽃밭과 작은 텃밭을 만들어 드리고 싶다. 그런 집을 지어 드리기 위해 계획하고, 하나씩 실천해 나갈 것이다.

옛날보다 지금이 나은 이유는 수없이 많다. 되돌아보면 아팠던 기억들도 오늘 나를 살아가게 하는 응원가가 되어 주니 감사하다. 그러나 매 순간 감사와 감동이 가득하다가도 뜬금없이 슬픔이 마음 가득 머물 때가 있다. 그럴 때는 어김없이 부모님 생각이 가슴속에 자리한다.

해를 거듭할수록 엄마의 주름살도 깊어진다. 아직 뭔가를 해 드릴 수 있는 시간이 많다는 생각이 들다가도 엄마의 깊게 주름진 얼굴과 쇠약해진 모습을 뵐 때면 마음이 조급해진다. 그런 마음을 애써 감추려고 "엄마, 이제 일 좀 그만하세요. 그런 건 사 먹어도 되잖아요."라고 짜증을 내는 날이면 더욱 그렇다. 한 분 남은 엄마에게라도 잘해야지 생각하지만 또 마음 같지 않다. 이런 날이면 돌아가신 아버지께 다시 작별 인사를 건넨다. 그 기적 같은 인사에 엄마에게 해 드리고 싶은 많은 것들이 다시 떠올라 마음이 좋다.

　"아버지, 엄마는 걱정하지 마세요!"

32

다시 만날 날을 기대하며
용기와 열정으로 살기

김영돈

작가, 국제동기면담 훈련가, 기독교상담학 박사 수료, 대화법 코칭 전문가, 동기부여가,
학교상담 전문가, 전문상담교사, 교육행정공무원, 교육청 학교폭력현장점검위원
상담과 기도, 책 쓰기로 인생의 방향을 잃은 사람들에게 삶의 기준을 제시해 각자가 하는 일
을 더 잘할 수 있게 도와주는 일을 사명으로 한다. 저서로는 《말주변이 없어도 대화 잘하는
법》, 《미래일기》가 있다.
E-mail dpssdp@naver.com, dpssdp@korea.kr
Cafe http://cafe.naver.com/masterpiece10
Blog http://blog.naver.com/dpssdp

　　어머니는 감을 좋아하셨다. 특히 까치가 몇 번 찍어 먹은 홍
시를 좋아하셨다. 곶감으로 가기 직전의 쫀득함에 감탄사가 절로
나온다. 단것이 부족했던 시절 매년 10월이면 홍시가 하나둘 모
습을 드러냈다. 까치홍시는 위험을 감수해야 온전히 얻을 수 있
다. 꼭지의 힘이 약하고 살은 물러 나무가 흔들리면 그대로 바닥
에 떨어져 박살이 나기 일쑤니 말이다. 감잎과 칡넝쿨로 만든 바
구니에 까치홍시를 따서 담는 일은 그래서 목숨과 바꾸는 행복이
었다.

　　나는 어릴 적 용돈을 10원씩 모아 어머니께 생신선물로 브로

치를 사 드렸다. 어머니가 동네 계모임에 내가 선물한 브로치를 가슴에 달고 가시는 모습을 보면 그렇게 기쁠 수가 없었다. 학교에 등교할 때면 반드시 어머니께 거수경례를 했다. 어머니에게 드리는 나의 선물은 브로치와 까치홍시 그리고 거수경례였다.

그리고 다음에 커서 돈을 벌면 제주도란 곳에 모시고 가고 싶었다. 그 당시만 해도 제주도 여행은 먼 미래, 먼 나라 이야기였으니까. 제주도 여행 선물은 좀 더 커서 돈을 벌어야 가능한 일이었지만 앞의 세 가지 선물은 오래도록 어머니가 건강하게 살아 계시기만 하면 가능한 일이었다.

아버지는 동치미를 좋아하셨다. 한겨울 쥐가 새끼를 치던 사랑방 광주리에서 물고구마를 가져다 화로에 구웠다. 얼음이 서걱거리는 동치미를 접시에 받쳐 두고 잘 익은 고구마를 껍질을 벗겨 아버지께 건네며 "뜨거워요, 아버지."라고 말했다. 엄격하고 신경이 칼날 같던 아버지도 이때만큼은 "냄새가 좋구나." 하시며 달마 같은 미소를 지으셨다.

성격이 불같으신 아버지는 실명이 한참 진행될 즈음 죄 없는 소에게 주먹질을 하기도 했다. 소가 제 일을 하지 않고 논두렁의 콩에 욕심을 낸다는 이유였다. 그때 소의 코에서 나오는 코피를 보고 나는 아버지의 가슴 가득한 분노를 엿볼 수 있었다. 아마 군 생활을 하던 시절 맹장이 터질 지경인데도 수술은커녕 기합을 받고 쫓겨나다시피 전역을 당한 뒤 반송장이 되어 집에 실려 왔던 경험에 대한 분노일 것이다.

시력이 햇빛이 보이지 않을 만큼 나빠졌을 때 아버지는 시조에 몰입하셨다. 가을밤, 상수리가 장독대로 하나둘 떨어지고 장끼, 까투리들의 가랑잎 밟는 소리가 깊은 가을밤을 더 스산하게 했다. 그 밤공기 속으로 아버지의 시조 읊는 소리가 들렸다.

"청사안리 벽계수야! 수이 감을 자랑 마라. 일조창해하면 다시 올 리 없건마는 다정도 병인 양하여 잠 못 들어 하노라."

밤이 늦도록 어르신들은 아버지의 선창에 맞추어 시조를 따라 읊었다. 지금도 그 소리가 귓가에 선하다. 30년도 훨씬 전의 일이다. 그때 공주 백제문화제 시조경창대회의 장원은 항상 우리 아버지 김준태 씨의 몫이었다. 백제문화제가 열리던 초여름이면 어린아이처럼 설레하시던 아버지의 모습이 떠오른다. 뜬금없이 장날 찐빵을 한 봉지 사 오시거나 무지개색 알사탕 그리고 그 시절 최고의 과자 맛동산을 두어 봉지 챙겨 오시곤 하셨다. 그런 날 우리 집은 잔치분위기였다. 마당에 솥을 걸고 계란밥을 했다. 계란밥은 계란껍질 안에 쌀을 넣어 밥을 짓는 것이다. 같은 밥을 계란 껍질을 벗겨 먹는 정도인데도 그것이 우리 집 축제의 하이라이트였다.

밥을 먹고는 마당 한쪽에 모닥불을 피워 놓고 멍석에 누워 하늘을 바라보았다. 아버지가 "지금 하늘에 뭐가 있냐?"라고 물어보시면 난 "별이 쏟아질 거 같아요. 저게 북두칠성, 저건 오리온, 이쪽에 있는 게 북극성, 이건 카시오페이아예요."라고 대답했다. 아버지는 "너는 그런 걸 어디서 다 알아냈냐?"라고 하셨다. 서울로 간 누이랑 형이 보내 주는 《새소년》, 《소년중앙》 두 권을 너덜너덜해지도록 읽어서 얻어 낸 지식이었다. 그렇게 줄 것도 나눌 것도 귀했던 시절이었다.

부모님은 지금의 내 나이 즈음에 돌아가셨다. 30년이 넘는 세월 동안 마음속 그리움이라는 자리에 함께했던 추억을 채워 넣으며 살았다. 봄, 여름, 가을, 겨울… 계절 따라 "이때 계셨으면 이렇게 하셨을 텐데…" 하는 생각은 지금도 여전하다. 단지 더 이상 추억이 현실이 되지는 않는다는 사실을 몸으로 느끼고, 이제는 되돌아보거나 기웃거림이 덜한 정도다.

나의 첫 저서 《말주변이 없어도 대화 잘하는 법》을 출간하고 나니 아물었던 상처 위에 아득한 그리움의 자국이 보인다. 부모님께서 살아 계셨으면 얼마나 기뻐하셨을까. 대신 장모님을 모시고 서점에 가서 "이 책이 제가 쓴 거예요, 어머니."라고 말씀드렸다. "그래, 애썼네. 책에 파묻혀 살더니 이제 고개를 드나." 하시던 장모님의 쭈글쭈글한 웃음주름이 정겨웠다.

이 자리를 빌려 부모님께 하고 싶은 말을 적어 본다.

"어머니, 아버지! 오랫동안 소식 전하지 못해 죄송합니다. 아주 작은 애벌레, 상처받은 번데기로 수십 년을 살아오면서 드릴 것이 있어도 받아 주실 두 분이 이 세상에 없다는 사실을 믿지 않았습니다. 두 분께 드릴 것이 없을까, 어떻게 하면 칭찬받을 수 있을까 고민하며 쉬지 않고 달려왔습니다. 무덤 앞에 책을 들고 가 대성통곡을 하거나 제사를 지내거나 하는 일도 하지 않겠습니다. 이별의 의식 같은 것도 하지 않겠습니다.

추억은 당신들께서 제게 주신 하나뿐인 선물입니다. 그 선물은 제 심장에 항상 보관되어 있습니다. 그 마음을 모아서 저 멀리 이국땅에 겁 없이 당신의 손주를 유학 보냈습니다. 그 애에게 해 준 말이 실은 부모님께 꼭 드리고 싶은 약속이었습니다.

어떤 예기치 못한 일들이 앞날에 도사리고 있다고 하더라도 지혜롭게 처신하겠습니다. 제가 당신들에게 배운 지혜는 '지금 하고 있는 일을 더 잘하는 것'입니다. 그러면서 짬짬이 까치홍시를 보러 고향마을로, 내장산으로 산 구경을 가고, 시골에 가서 고구마도 구워 먹으며, 아버지가 읊으시던 시조소리에 걸맞은, 심금을 울리는 글을 쓰겠습니다. 그리고 어머니께 드리고 싶던 브로치, 아버지와 함께 그토록 하고 싶던 '함께 놀기'는 좋은 분들과 교류하는 것으로 기억하겠습니다.

보고 싶은 아버지, 태양이 보이지 않아도 근심하지 마세요. 제 가슴에 달이 떴습니다. 그리운 어머니, 애처로워하지 마세요. 제

심장은 용기와 열정으로 가득 채워졌습니다.

저는 부모님께 드릴 것을 준비하러 지금도 멈추지 않고 달려갑니다. 사랑합니다!"

33

1년에 두 번 돈 걱정 없는
해외여행 보내 드리기

신상희

한국 세일즈 디자인 코칭협회 운영, 세일즈 디자이너, 코치, 경력 단절 여성 드림 코치, 작가, 동기부여가
20대에 시작한 세일즈로 8개월 만에 억대 연봉을 달성했다. 현재 기업과 개인사업자의 '매출
증대'를 위한 세일즈 디자이너이자 워킹맘과 경력 단절 여성들을 위한 드림 코치로 활동 중
이다. '세일즈는 고객이 스스로 사게 하는 것'임을 강조하며 세일즈에 필요한 이미지 컨설팅,
sns 마케팅, 화법 등을 코칭하고 있다. 저서로는 《고객이 스스로 사게 하라》, 《되고 싶고 하고
싶고 갖고 싶은 38가지》 등이 있다.
Blog http://blog.naver.com/shinsanghee2
Cafe http://cafe.naver.com/gamemecah

내 어릴 적 소원은 '일찍 결혼하는 것'이었다. 늘 삶을 계획하고, 목표하며, 실천하면서 살도록 가르쳐 주신 부모님 덕분에 결혼이라는 삶의 과제도 일찍 해결하고 싶었다. 하지만 나의 내면에는 '부모님으로부터 벗어나고 싶은 마음'도 있었다. 평범한 가정의 딸로 태어나 평범하게 자랐지만 경상도 사람 특유의 무뚝뚝함 속에 키워진 나는 표현하는 방법을 몰랐다.

그런데 열일곱 살에 지금의 남편을 만나게 되면서부터 나는 우리 부모님보다 남편의 부모님과 보낸 시간이 더 많았다. 두 분의 다정한 모습이 좋았고, 서로에게 감정을 표현하는 모습이 신기

했다. 우리 남매에겐 퇴근해 집에 돌아와서도 눈 한 번 마주치지 않는 부모님의 모습이 당연한 일상이었다. 어린 시절 나는 엄마와 조잘조잘 많은 이야기를 나누긴 했다. 하지만 엄마를 만만하게 생각하고 짜증만 냈던 기억이 더 많다. 부모님을 안아 보고, 부모님 손을 만져 보는 그 흔한 행동조차 해 보지 못한 채 나는 결혼했다. 심지어 결혼 전 날 처음으로 부모님 손을 보았는데 가슴이 먹먹해졌다. 평생 우리를 위해 고생하신 아빠의 손을 보며 그날 밤 많이 울었던 기억이 난다.

나는 결혼 후에 달라졌다. 결혼 전에는 못했던 이야기를 부모님과 많이 나누는 편이다. 결혼을 하고 부모가 되니 전보다 부모님의 마음을 알게 된 것 같다. 하지만 내가 어떻게 사는지, 우리 아이들이 어떤지, 나의 하루가 어땠는지 전하기 바빴다. 내가 여행을 갈 때 아이들을 부탁드리기 바빴고, 다녀와 재밌었던 이야기만 했지 단 한 번도 함께 여행을 가야겠다거나 부모님께서 여행을 가고 싶으실 것이라는 생각을 하지 못했다. 그리고 보니 나는 단 한 번도 부모님에게 당신들이 원하시는 것을 여쭤 본 적이 없었다. 지금도 나는 우리 아들이 좋아하는 장난감은 잘 알지만, 아빠가 하고 싶은 것이 뭔지 모르고, 엄마가 좋아하는 여행지가 어딘지도 모른다.

그런데 얼마 전, 엄마와 대화 중에 '부모님을 꼭 여행 보내 드려야겠다'라는 생각을 하게 되었다.

"엄마, 내가 여행을 보내 드리고 싶은데, 일주일 내내 시간을 비우는 건 조금 어렵겠지?"

"아니! 무슨 소리야. 딸이 보내 준다면 어떻게든 시간을 만들어야지. 없는 시간 만들어서라도 가야지. 무조건 가야지."

"그런데 아빠가 가려고 할까? 일주일 동안 자리를 비우려고 하실까?"

"그러게, 아빠가 문제네. 한번 물어보고 결정할게."

내게 여행 갈 기회가 생겨 일정을 조율했지만 도저히 스케줄을 뺄 수 없는 상황이었다. 특별히 주어졌던 기회를 버리기 아까워 고민 끝에 혹시나 하고 엄마에게 던진 질문이었다. 소녀처럼 좋아하는 엄마의 반응을 보고 나는 깜짝 놀랐다. 더 놀라운 것은 아빠가 여행을 갈 수 있다는 의사를 너무 빨리 밝혀 온 것이다. 마치 기다렸던 사람처럼 말이다. 우리 아빠는 밖에서 돈을 잘 쓰지 않는 분이신데 엄마가 어떻게 설명하셨는지 순순히 가겠다고 하시니 신기했다. 그렇게 급작스럽게 여행을 결정하고 일정을 프린트해서 보여 드리는 과정에서 엄마아빠가 말씀하셨다.

"상희야. 너무 설렌다. 갑자기 여행을 간다고 생각하니까 너무 행복해."

"딸이 보내 준다고 하니 기분이 좋네."

무뚝뚝한 몇 마디였지만 그래도 엄마아빠는 최선의 표현을 내게 해 주신 것이다. 그렇게 여행을 가신 동안 부모님은 하루에도 몇 번씩 "지금 낙하산 타러 간다.", "이제 코끼리 타러 가나 봐.", "음식은 맛있는 것 같아.", "호텔에 돌아오니 과일바구니도 있네." 라며 소식을 전해 주셨다. 보내오는 현지의 사진과 부모님의 메시지 속에서 소년, 소녀 같은 순수한 행복이 느껴졌고, 나는 많이 반성하게 되었다. 그리고 생각했다. '만약 내가 평생 아이들을 키우고 가정을 위해 살았는데, 돌아보니 엄마아빠 나이가 된다면?' 상상만으로도 너무 슬픈 이야기였다. 그런데 우리 부모님은 그 슬픈 이야기의 주인공이었다. 대부분의 부모들이 우리 부모님과 마찬가지로 자신보다 가족을 위해서 살았을 것이다. 오로지 '나의 행복'을 위해 달려왔던 내 모습에 비해 부모님은 자신들의 행복은 전혀 생각하지 않으셨다.

'자식 먹는 것만 봐도 배부르다'라는 말처럼, 내가 여행을 가서 즐기는 모습을 보시며 늘 함께 여행을 간 기분으로 사셨을 부모님. 짧았지만 이번 여행을 보내 드리며 감사한 마음과 죄송한 마음이 동시에 들었다. 조금 더 편하게, 조금 더 여유롭게 여행하실 수 있는 환경을 제공해 드리지 못해 죄송했다. 그리고 부족한 여행이지만 주어진 것에 고마워하시는 부모님을 보며 감사한 마음이 들었다. "남들 하는 건 다 해 보고 올게." 하고 떠났던 엄마가 정말 하고 싶은 것을 다 하고 돌아오셨는지는 여쭤 보지 못했다.

하지만 일상으로 돌아와 즐거웠던 시간을 전해 주시는 부모님을 보며 정말 뿌듯했다.

언젠가 엄마가 내게 말씀하셨다.

"난 너네가 대학생일 때가 가장 행복했던 것 같아."
"왜?"
"뭐라도 될 줄 알고…."

한참을 웃었던 기억이 나는데 돌아서서 생각해 보니 참 슬픈 이야기였다. 부모님이 원하는 모습대로 자라지 못한 우리의 모습을 보며 어떻게 해야 부모님을 기쁘게 해 드릴 수 있을지 생각했다. 그런데 이번에 여행을 보내 드리고 난 뒤 알게 되었다. 부모님을 웃게 하고, 부모님을 행복하게 해 드리는 방법은 멀리 있지 않다는 것을….

여행 출발 전 "엄마, 최상위 여행이 아니라서 미안해. 다음에는 풀코스로 대접할게요."라는 메시지를 보냈다. 내가 상상했던 대답은 "아니다. 그래도 고마워."였는데 "그래. 남들 하는 건 다 하고 올게. 다음엔 더 좋은 곳에 보내 줘. 이왕이면 같이 가는 것도 한번 고려해 보고."라는 답장이 왔다. 나는 그 문자를 몇 번이나 읽으며 혼자 미소 지었다.

가장 저렴하면서도 알찬 여행을 선택했지만, 결국 내가 낸 돈보다 현지에서 부모님이 부담해야 했던 돈이 훨씬 많았던 이번 여행이었다. 소년, 소녀처럼 여행을 앞두고 기뻐하던 부모님의 모습과 다음에는 더 좋은 곳에 보내 달라던 부모님의 모습을 보며 나는 참 행복했다. 그리고 다짐했다. 앞으로 1년에 두 번은 꼭 해외여행을 보내 드리기로. 그것도 돈 걱정 없이 말이다.

이번 여행은 잘 다녀오셨지만 돈을 아끼느라 두 분이서 같이 즐기지 못한 것이 많았다는 생각이 들었다. 단순히 여행을 보내 드리는 것이 아닌, 아무 걱정 없이 여행을 즐기고 올 수 있는 시간을 선물하고 싶다. 막연히 '다음에'라고 말하기에는 부모님과 함께할 수 있는 시간이 부족하다. 그래서 나는 버킷리스트를 하나 추가했다.

- 2017년 9월, 부모님 해외여행 보내 드리기(여행 용돈 100만 원 드리기)

함께 여행을 가고 싶어 하는 부모님의 소원을 들어 드릴 수 있도록 나는 '더' 열심히 살 것이다. 부모님이 '땡처리 여행'이 아니라 '럭셔리 여행'을 즐기실 수 있도록 나의 버킷리스트를 꼭 현실로 만들 것이다.

34

부모님의 마음 즐겁고
편하게 해 드리기

이지해

놀이영어 전문강사, 유아영어 컨설턴트, 강연가, '도토리에듀' 대표
'데이지의 놀이영어연구소'에서 '영어의 시작은 무조건 즐겁게'라는 생각으로 아이들이 즐겁게 영어를 습득할 수 있는 놀이영어 프로그램을 개발하고 있다. 아이들이 좋아하는 놀이를 통해 영어를 쉽고 재미있게 수업하고 있다. 엄마가 직접 놀이영어로 아이와 함께 영어를 즐길 수 있도록 도움을 주는 '엄마표 놀이영어' 강사로도 활발히 활동 중이다. 놀이영어에 관한 개인저서가 출간될 예정이다.
E-mail leejihaeda@naver.com

어릴 때 우리 집은 항상 웃음과 즐거움이 가득했다. 주위에서는 뭐가 그렇게 즐거운지 이해할 수 없다고들 말했다. 나도 지금 생각해 보면 참 이해할 수 없는 집이었다. 아빠 없이 홀로 6남매를 키우면서 경제적으로 어렵고 힘들었음에도 불구하고 엄마는 항상 웃음이 담긴 인자한 얼굴로 우리를 대하셨다.

내가 어릴 때 엄마와 함께 시장에 다녀오는 길이면 동네 아주머니들과 할머니들이 등나무 그늘에 앉아서 우리 모녀에게 한마디씩 했다. "시장에 다녀와요? 아니, 아줌마 집에는 뭐가 있어서 그렇게 애들이 행복해 보이는지 모르겠네. 뭐, 어디 감춰 둔 돈이

라도 있어요?"라며 비아냥댔다. 엄마는 "아, 네~. 애들이라서 마냥 행복하죠, 뭐~."라고 대답했다. 집으로 가면서 나는 엄마에게 물었다. "엄마. 저 할머니랑 아줌마들은 왜 엄마한테 그렇게 말하면서 깔깔깔 웃어? 우리 집이 진짜 돈 많아?"라는 내 질문에 엄마는 그냥 빙그레 웃으시면서 "아니, 없어. 엄마는 돈보다 귀한 자식들이 많아서 행복해. 동네 아주머니들이 하는 말은 신경 쓰지 마. 그리고 아줌마들이 너를 보면서 아빠 없이 자라서 불쌍하다고 말하는 것도 한 귀로 듣고 한 귀로 흘려. 너는 많은 사랑을 받고 자란 사랑스러운 아이라는 것을 항상 기억하렴."이라고 말씀하셨다.

아빠는 내가 태어나던 해에 지병으로 돌아가셨다. 그래서 아빠 얼굴을 부모님 결혼식 사진 속에서만 볼 수 있었다. 사람들이 나를 아빠 얼굴도 모르는 아이라며 불쌍하다고 말할 때면, 엄마는 사람들에게 그렇게 말하지 말아 달라고 부탁했다. 엄마는 그런 사람들 속에서 우리 형제자매들에게 더욱 끈끈한 가족 간의 우애와 정을 느끼게 해 주려고 많이 노력하셨다. 엄마의 노력으로 나는 사랑을 듬뿍 받으며 자라서 아빠의 빈자리를 많이 느끼지 못했다.

외할머니는 우리 집에 자주 놀러 오지 않으셨다. 나는 거리가 멀어서 그렇다고 생각했다. 내가 결혼해서 아이를 낳고 친정엄마의 도움이 절실히 필요할 때 새삼 외할머니가 왜 그렇게 자주 놀러 오지 않으셨는지 궁금해서 엄마에게 물어보았다. 엄마는 할머니가 우리를 보실 때마다 불쌍하고 안쓰럽다고 울기만 하셔서 그럴 거면 방문을 삼가 달라고 말씀하셨다고 한다. 그만큼 우리에게 많은 신경을 쓰신 것이다. 엄마의 말에 나는 눈물을 흘렸다. 인자하게만 보이던 엄마가 정말 존경스럽고 대단하다고 느껴졌다.

나는 아이를 낳아 키우면서 이 험한 세상에서 어떻게 키워야 할지 많은 생각이 들었다. 아이 하나 키우기도 이렇게 힘든데 6남매를 아빠의 도움 없이 키우신 엄마가 정말 위대해 보였다. 엄마에게 아빠 없이 우리를 어떻게 키우셨냐고 여쭤 보니 "나는 너희 아빠가 돌아가시고 나서 교회에 가서 하나님께 우리 아이들을 잘 키우게 해 달라고 울면서 기도했어. 그리고 하나님을 믿었어. 너희 6남매가 몸도 마음도 건강하게 잘 자랄 수 있었던 건 하나님의 은혜 덕분이야."라고 말씀하셨다. 지금도 엄마는 우리를 위해서 새벽기도를 다니신다. 엄마의 기도 덕분에 우리 6남매는 모두 좋은 배우자를 만나서 결혼한 뒤 아이들도 낳고 잘 살고 있다.

엄마의 기도와 아낌없는 사랑 덕분에 나는 특히 더 좋은 배우자를 만났다. 그리고 시아버지 덕분에 아버지의 사랑을 느낄 수 있었고 지금도 시아버지에게 많은 사랑을 받고 있어 정말 행복하다. 얼마 전 시아버지께서 스텐트(Stent) 삽입 시술을 받으셨다. 그때 하나님께 정말 간절히 기도드렸다. 하나님께서 나에게 주신 아버지가 건강하게 오래 사실 수 있도록 성공적으로 시술받게 해 주시고 우리 부부가 마음껏 효도할 수 있도록 건강의 축복을 허락해 달라고 기도했다. 현재 시아버지는 건강하게 일상생활을 하고 계신다.

시어머니는 많은 지식과 지혜를 담고 있는 양서 같은 분이다. 시어머니와 대화하다 보면 유익하고 재미있는 책을 읽는 것 같다는 생각이 들 만큼 시간 가는 줄 모른다. 나도 시어머니처럼 현명하고 지혜롭게 살아가야겠다는 생각이 든다. 특히 나의 자녀교육의 롤모델도 시어머니다.

나는 사랑이 많은 엄마, 인자하신 시아버지 그리고 지혜롭고 현명하신 시어머니에게 선물을 드리고 싶다.

엄마에게는 집을 선물하고 싶다. 어릴 적 살던 집은 엄마가 인부들과 손수 벽돌을 쌓아 만드셨다. 집을 완공하고 이사하던 날 엄마는 많은 눈물을 흘리셨다. 사정상 집을 팔아야만 했는데 20년이 흐른 뒤 엄마와 함께 차를 타고 그 집에 가 보았다. 집은 헐리고 집터만 남아 있었다. 엄마는 집터를 보면서 "내가 죽기 전에 예전 집처럼 꽃도 있고 나무도 있는 예쁜 정원을 다시 갖게 될 수 있을까?"라면서 눈시울을 붉히셨다. 나는 엄마에게 "엄마! 내가 성공하면 그 집보다 더 예쁜 정원이 있는 아름다운 집 지어 줄게!"라며 큰소리쳤다. 나는 반드시 성공해서 꼭 예쁜 정원이 있는 집을 엄마에게 선물로 드릴 것이다.

시어머니에게는 '작가'라는 선물을 드리고 도서관을 시어머니의 이름으로 지어 기증하고 싶다. 아프리카 격언에 "노인 한 명이 사라지는 것은 도서관 하나가 사라지는 것과 같다."라는 말이 있다. 우리 세대뿐만 아니라 다음 세대도 시어머니의 현명함과 지혜를 배울 수 있도록 시어머니 이름으로 책을 출간하고 양서들을 모아 놓은 도서관을 지어 기증하고 싶다. 시어머니가 작가가 되어 강연을 다니시면서 노후를 즐겁고 행복하게 사실 수 있도록 꼭 선물해 드릴 것이다.

그리고 마지막으로 시아버지에게는 최고급 벤츠 자동차와 최고급 낚시장비를 선물로 드리고 싶다. 우리 가족은 한 달에 한 번은 꼭 가족모임을 갖도록 노력한다. 만나서 그동안 있었던 일도 이야기하고 맛있는 음식도 먹으면서 즐거운 시간을 함께 보낸다. 시부모님 집에 가면 시아버지는 거의 자동차 주변에 계신다. 즐겁게 차를 정비하거나 정리하는 모습을 자주 볼 수 있다. 이처럼 시아버지는 자동차를 좋아하고 차를 관리하는 것도 좋아하신다. 시아버지의 또 다른 취미는 낚시다. 대어를 낚을 수 있도록 최고급 낚시장비를 선물해 즐겁고 행복하게 손맛을 느끼게 해 드릴 것이다.

"사지를 게을리하여 부모를 봉양으로 돌보지 않음이 그 첫째 불효요, 노름과 술 마시기를 좋아하여 부모를 돌보지 않음이 그 둘째 불효요, 재물을 좋아하고 처자만을 사랑하여 부모를 돌보지 않음이 셋째 불효요, 귀와 눈의 요구를 채우느라 부모를 욕되게 함이 그 넷째 불효요, 용맹을 좋아하여 싸우고 화내어 부모를 불안하게 함이 그 다섯째 불효니라."

이는 맹자가 말한 불효 다섯 가지다. 유교에서는 '효'를 '인의예지'의 기초로 보고 가족부터 국가에 이르기까지 최우선으로 가르쳐야 한다고 했다. '서양철학의 아버지'라고 불리는 소크라테스도 "네 자식들이 항상 무언가를 해 주기를 바라는 것과 똑같이 네 부모에게 행하라."라며 효에 대해 강조했다. 성경 신명기 5장 16절에서는 "너는 네 하나님 여호와께서 명령한 대로 네 부모를 공경하라. 그리하면 네 하나님 여호와가 네게 준 땅에서 네 생명이 길고 복을 누리리라."라고 했다. 하나님께서는 효도함에 땅에서의 축복을 약속해 주셨다. 이렇듯 동서양을 막론하고 부모를 공경하고 효를 행하도록 강조한 것은 효가 인류의 기본이기 때문이다.

부모님들은 항상 "너희가 잘 사는 것이 최고의 효도다."라고 말씀하신다. 부모의 마음을 즐겁고 편하게 해 드리는 것이 효도의 기본이다. 이번 기회를 통해 부모님의 은혜에 감사하며 존경하는 마음을 다시 느낄 수 있었다. 그리고 진정한 효의 의미를 깨닫게 되어 앞으로 더욱 부모님 은혜에 보답하겠다고 다짐하는 시간을 가졌다.

35

엄마께 카페 분위기의
전원주택 선물하기

이지영

기업체 영어강사, 영어 디베이트 코치, 영어강사 코치
어떻게 하면 직장인들이 효과적으로 영어를 배울 수 있을지, 그리고 그들을 어떻게 잘 가르칠지 연구하고 있다. 영어강사가 되고 싶은 사람들이 효과적인 수업전략을 익히도록 트레이닝하는 데 힘쓰고 있다.

내가 열일곱 살이 되던 해 어느 날, 엄마가 갑자기 나를 불러 조용히 물어보셨다.

"엄마랑 아빠랑… 따로 살까 하는데… 네 생각은 어때?"

난 어떻게 대답해야 할지 몰랐다. 나름대로 큰딸이라고 나에게 의견을 물어보신 것은 알았지만 순간 머릿속이 하얘졌다. 늘 큰딸이라는 부담감이 있었던 나는 꽤나 의젓해 보이고 싶었나 보다.

"난 엄마아빠랑 같이 사는 게 좋지만… 엄마가 많이 힘들면 원하는 대로 하세요…"

두 달 뒤 정말 그렇게 되었다. 나는 나중에서야 그 말을 후회했다. '엄마아빠 따로 살면 난 집을 나갈 테니 알아서 하세요!'라고 떼를 썼다면 부모님이 우리를 생각해서라도 그냥 함께 살지 않았을까 싶어서 말이다. 쓸데없이 의젓한 척을 한 것 같아 많이도 후회했다.

한참 사춘기를 겪을 시기에 부모님이 이혼하셔서 나는 사춘기조차 마음껏 겪을 수 없었다. 엄마는 사정상 멀리 가 계셔야 했기 때문에 그때 당시 겨우 중학교 1학년이었던 여동생은 외가댁에 맡겨지고 나는 아빠와 단둘이 지내게 되었다. 학교에서는 오히려 더 씩씩하게 아무 일 없는 듯 지냈다.

하지만 새로운 곳으로 전학을 가고 나서는 나도 모르게 의기소침해져서 친구들도 제한적으로 사귀게 되었다. 점점 하고 싶은 것도 없어지고 우울하기만 했다. 열일곱 살의 나이에도 엄마의 빈자리는 티가 나게 마련이었다. 당시에는 모든 학생에게 급식이 제공되는 것이 아니라 도시락을 싸 오지 않는 학생들만 식당에서 사 먹게끔 되어 있었다. 엄마가 없었던 나는 당연히 식당 급식의 단골이었다.

나는 학교가 끝나면 집에 가기 싫어서 독서실로 학원으로 돌며 혼자 방황했다. 집에 와도 저녁을 차려 주는 사람이 없는 아빠 역시 항상 밤 10시는 되어야 집에 오셨다. 이제 와서 돌아보면 젊은 나이에 결혼해서 마흔 살도 되기 전에 가정이 깨지는 경험을 한 아빠 역시 딱히 집에 들어오고 싶지 않았을 것 같다. 그때 당시 우리 가족 모두는 그 시기를 '살았다'기보다는 '버텼다'는 표현이 정확할 것이다. 동생은 동생대로 외갓집에서 홀로 떨어져 있어야 했고 엄마 역시 자식들을 보지 못하고 지냈으니 말이다.

그렇게 2년여가 흐른 어느 날, 나는 한 통의 전화를 받았다. 엄마였다. 무슨 말이 필요했을까…. 말없이 눈물만 흘리던 우리 모녀는 날을 잡아 만나기로 약속했다. 이제는 우리를 만나러 올 수 있다고 했다. 그렇게 엄마와 나 그리고 동생은 5월의 화창한 토요일에 서울대공원에서 만났다. 만나면 많이 울까 봐 걱정했지만 우리 셋은 웃으며 만나서 웃으며 헤어졌다. 세 사람 모두 울기 싫어서 꾹 참았던 것인지도 모르겠다.

그날 이후 나는 더욱 걷잡을 수 없이 방황하기 시작했다. 연락이 없던 엄마가 잘 있는 모습을 보니 못 만나는 게 더 힘들게 느껴진 것이다. 엄마도 마찬가지였는지 어느 날 나에게 전화해서 엄마랑 동생이랑 셋이 살면 어떻겠느냐고 물어 왔다. 나는 더없이 좋았지만 아빠에게 말을 꺼내는 것이 문제였다. 그러던 중 아빠와

갈등이 생긴 나는 엄마에게 가겠다고 고집을 부리며 아빠를 떠나왔다.

결혼 후 가정주부로만 지내 온 엄마와의 생활은 그야말로 고생 그 자체였다. 부모님이 이혼하시기 전까지 아파트에서만 살아온 나는 처음으로 화장실이 집에 딸려 있지 않아 밖으로 나가 볼일을 봐야 하는 집에 살게 되었다. 그런 고생이 길게 이어지자 모든 원망은 엄마에게로 향했다. 갑자기 생활전선에 뛰어들어 두 딸을 먹여 살려야만 하는 처지가 된 엄마 역시 고된 생활로 인해 부모님의 이혼을 겪은 딸들의 마음을 보살필 여유 같은 것은 없었다. 그렇게 서로 그리워하다가 만났음에도 우리는 점점 갈등의 골이 깊어져만 갔다.

이혼 후 종교에 더욱 기대게 된 엄마는 우리에게 심하게 종교를 강요하셨다. 또한 '아빠 없는 아이'라는 편견이 싫어서 더욱 엄하게 우리를 통제하셨다. 하지만 이미 스무 살이 넘은 딸들은 그런 통제가 온통 간섭으로만 여겨졌다. 그렇게 엄마와 함께 사는 것이 갑갑해진 우리는 어떻게든 그럴 듯한 이유를 대며 엄마를 벗어나려고 했다. 결국 동생은 일찌감치 직장을 구해 캐나다로 떠났으며 그곳에서 캐나다 사람과 결혼했다.

엄마아빠처럼 살기 싫어서 결혼은 죽어도 하기 싫었던 나는 공부를 하겠다며 영국으로, 캐나다로 떠돌며 방황했다. 한국에 있는 것이 너무도 싫었기 때문이다. 하지만 사람 일은 뜻대로 되지 않는다고 했던가. 결혼은 죽어도 싫다고 했던 나는 우연히 운명의 남자를 만나 결혼하고 가정을 꾸려 한국에 정착하게 되었다.

그렇게 엄마를 향해 온갖 원망과 미움이 가득했던 나는 결혼을 하고 아이를 낳고 나서야 비로소 엄마를 이해할 수 있게 되었다. 나에게는 엄마가 안아 준 기억이 거의 없다. 아주 어려서는 내가 엄마에게서 떨어지지 않아서 많이 업어 주었다고 하셨지만 그 이후에는 기억에 남아 있는 것이 없다. 늘 "자식은 속으로 사랑해야 하는 거야."라는 말만 하시던 엄마…. 그 말이 얼마나 듣기 싫었는지 모른다. 엄마 역시 무뚝뚝한 분위기에서 자라 사랑을 표현하는 방법을 모르셨을 뿐이지만 나는 늘 엄마의 사랑에 목말라 있었다.

하지만 이제는 안다. 엄마는 우리를 사랑하지 않았던 게 아니라 젊은 나이에 결혼을 하고 아이를 낳아 어떻게 사랑해야 하는지 잘 몰랐고, 힘든 결혼생활로 인해 마음의 여유가 없었다는 것을 말이다. 이제는 마흔 살밖에 되지 않은 젊은 나이에 이혼을 하고 여자의 삶은 접어 둔 채 누군가의 엄마로만 살아온 엄마가 안타깝다. 육아를 하며 일도 하고 싶어 하는 당신의 딸을 위해서 기꺼이 손녀들을 돌봐 주시고 집안일까지 거들어 주시는 엄마의 존재에 그저 감사할 따름이다.

엄마에게 슬쩍 물었다.

"엄마는 살면서 꼭 갖고 싶은 게 뭐예요?"
"카페 분위기 나는 내 집. 내 집이어야 내 맘대로 꾸밀 수 있
잖니."

엄마랑 제대로 안아 본 적도 없는데 편지를 쓴다는 것이 너무
어색해서 나는 늘 어버이날에도 카드는 빼고 선물만 드렸다. 그
렇게 한 번도 써 보지 못한 편지를 이곳에나마 짧막하게 써 볼까
한다.

"엄마, 엄마는 엄마대로, 우리는 우리대로 참 많이 힘들었죠?
이제는 좋은 생각만 하면서 살아요. 커피랑 빵 좋아하는 엄마가
마음대로 꾸밀 수 있도록 멋진 집 사 드릴게요. 고생한 시절은 다
잊고 딸, 사위들 그리고 손주들하고 다 같이 행복하게 살아요. 나
의 엄마라는 이유 하나만으로 무조건 엄마를 사랑합니다."

36

아버지의 인생을 기억해
사랑과 존중으로 피워 내기

배선원

B2B 중소기업 경영 컨설턴트, 마케팅 전략 기획, 협상 전문가
성균관대학원에서 MBA를 전공하고 B2B 중소기업에서 마케팅전략팀장으로 재직하며 기획
업무를 전담하고 있다. 또한 중소기업들이 겪는 애로사항들을 바탕으로 경영이론을 실무에
적용하여 경영실적을 개선하는 데 도움을 주고 있다. 축적된 실무 경험을 바탕으로 수십만 중
소기업들의 성장에 실질적인 도움이 될 수 있는 'B2B 중소기업경영론 및 협상'에 관한 저서
를 준비 중이다.
E-mail helgain@naver.com

1980년대 초겨울, 구식 여닫이문 유리창이 날카롭게 깨져 있
고 그 사이로 휘잉 하고 찬 바람이 들이닥쳤다. 어머니는 보자기
로 그곳을 대충 막고, 방바닥에 덩그러니 남겨져 있는 어린 두 자
식을 꼭 감싸 안았다. 흐느끼는 어머니의 울음소리….

아버지는 거나하게 술을 드시고 집에 오실 때면, 중학생인 우
리들에게 공부 열심히 해서 연·고대 정도는 가야 된다며, 직장생
활을 하며 켜켜이 쌓였던 한을 풀곤 했다.

어느 날인가 초저녁에 자고 있던 나는 동생의 급박한 외침에
벌떡 일어났다. 아버지가 공부도 안 하고 일찍 잔다며 누워 있는

나를 밟으려고 하셨기 때문이다. 또 술이다. 비참했던 그때의 기분에 아직도 섬뜩하다.

삼촌은 애들에게 왜 그러냐며 아버지에게 대들었다. 술에 취해 이미 눈의 초점을 잃은 아버지는 삼촌 뺨을 때리셨다. 삼촌은 그 순간을 참지 못하고 벌떡 일어나 유리창을 주먹으로 쳤다. 이내 피가 사방에 뿌려졌다. 삼촌의 손에서 피가 터져 나온 것이다. 옆에서 그 상황을 지켜보던 나는 삼촌을 부축해 병원 응급실로 달려갔다.

20년 동안 오직 한 직장에 모든 것을 거셨던 아버지는 IMF 시절 불명예 퇴직을 당하셨다. 상사에게 바른 소리를 하다가 밉보인 것이다. 아버지는 퇴직하고 작은 사업을 시작하셨다. 하지만 내가 아르바이트해서 번 돈으로 물건 대금을 지불할 정도로 사업이 어려워지기 시작하자 정리하고 아파트 경비 일을 시작하셨다.

아버지는 24시간 아파트 경비 일을 하시고 아침에 오셨다. 오는 길에 술판이 벌어진 곳이 있으면 어김없이 거나하게 술을 드시곤 했다. 술에 취한 채 집에 오시면 어머니는 아침 댓바람부터 술이냐며 악에 받친 비명을 퍼붓곤 하셨다. 홧김에 소주병을 베란다 밖으로 던져 버린 적도 있으시다. 얼른 뛰어 내려가 박살이 난 소주병을 치웠던 기억이 난다. 그렇게 술만 취하면 소중한 가족들을 못살게 구시던 아버지… 동생이 그런 아버지의 멱살을 잡은 적도 있다.

초겨울 어느 날, 아버지가 술에 취해 겉옷을 잃어버리고 오셨다. 길바닥 어딘가에 내팽개치신 것이다. 어머니는 바로 찾으러 나가셨지만 빈손으로 돌아오셨다. 아버지가 술 취한 노인네처럼 보이는 게 싫어 일부러 비싼 점퍼를 사 주셨는데 며칠도 못 가서 그 사달이 난 것이었다. 분노가 폭발한 어머니는 주스가 가득 찬 큰 유리병을 방바닥에 내팽개치셨다. 힘없는 노인네…. 나는 그때 아버지가 불쌍해 보였다. 왜 그랬는지 모르겠지만 아버지 역성을 들었고, 어머니한테 이내 크게 한 소리 들었다. 그날 밤, 아버지는 내 방에 들어와 누워 있던 나를 조용히 안으셨다. 커 버린 이후 처음 한 아버지와의 포옹이었다.

나는 아내와 딸을 데리고 자주 서울에서 부산으로 내려갔다. 아버지가 식도암에 걸려 수술을 하셨는데 재발했기 때문이다. 아버지는 며느리와 손녀를 특별히 귀여워하셨다. 당신처럼 내가 술을 마실라 치면 며느리에게 전화해 잔소리를 하셨는데, 나는 아버지를 닮아서 그렇다고 아버지에게 핀잔을 주고는 했다. 덕분에 나는 술을 잘 먹지 않게 되었다. 아버지 같은 삶이 얼마나 싫은지 잘 알기 때문이다.

아버지는 암 투병 생활 중에도 사람을 사서 대신 일을 시키면서까지 경비 일을 계속하셨다. 약해 빠진 몸으로 일하시다가 팔이 부러져 쇠를 박는 수술도 하셨다. 더 이상 거동이 힘들어 일을 그만두시고 〈나는 자연인이다〉라는 TV 프로그램을 하루 종일 보면서 지내셨다. 당신께서 그렇게 살고 싶으셨던 모양이라고 짐작한다.

암이 온몸에 전이되어 돌아가신 아버지. 보통 암환자의 가족들이 먼저 시한부 선고를 전해 듣는다. 어떻게 말할 것인가? 아버지와 같이 살고 있던 어머니와 동생은 차마 아버지에게 말하지 못했다. 장남인 내가, 아니, 20여 년 떨어져 살아서 사무치는 감정의 소용돌이가 덜한 내가 말씀드리기로 했다.

아버지는 그날따라 유난히 손녀를 보시며 즐거워하셨다. 암으로 장기가 마비되어 소화도 못 시키면서 크림빵을 입 안 가득 구겨 넣으셨다. 살고 싶다는 희망을 비춘 것이다. 아! 희망고문이 가족들을 힘들게 했다. 하필 내가 그 이야기를 하려고 눈치만 보고 있는 상황에서 그러시는 것은 무엇인가….

마음을 굳게 먹고 나는 결국 아버지에게 사형선고를 내렸다. 여기저기서 울음소리가 터졌다. 아버지는 이내 드시던 빵을 손에 꼭 쥐시고 잠시 가늘게 떠셨다. 그렇게 움켜쥔 아버지 손안의 손자국이 선명한 빵조각만 내 기억에 박혀 버렸다.

결국 몇 개월 뒤 아버지는 돌아가셨다. 혼자 뛰는 심장박동기만 남겨 둔 채 눈을 뜨신 채로…. 어머니가 눈을 감겨 주셨다. 한밤중에 소식을 듣고 가족과 함께 내려온 나는 임종을 지켜보지 못했다. 편안하게 웃는 모습의 영정사진 앞에 멍하니 한참 동안 서 있었다. 눈물도 나지 않았다. 화장을 하고 나서 보니 팔 수술할 때 박은 그 쇳덩어리만 덩그러니 남겨져 있었다.

아버지는 지금 선산 양지바른 곳에 계신다. 아버지는 7남매의 장남이자 종갓집 장손이다. 맏이라는 또 다른 이름으로 살아오시면서도 평생 동생들에게 존중이란 것을 한 번도 받지 못한 것처럼 보였다. 아니, 그러지 못하셨다.

내가 아버지에게 해 드릴 수 있는 것은 아버지 인생의 역사를 기억하는 것이다. 그리고 아버지의 이름으로 그 좋은 정신적인 유산을 물려받았다는 사실을 믿는 것이다. 또한 자식으로서 가정을 꾸려 성공하고 행복하게 살아서 당신께서 받지 못한 존중과 사랑을 피워 내는 것이다.

그리고 당신께서 그토록 힘들게 하셨던 어머니, 불쌍하게 고생만 하시다가 돌아가셨다며 오열하시던 어머니를 행복하게 해 드릴 것이다.

37

세 자매가 엄마 모시고
해외여행 가기

박서인

작가, 동기부여가, 창업 컨설턴트, 마케팅 강사, '이루다창업연구소' 대표
쇼핑몰 및 프랜차이즈 카페를 운영하며 마케팅 분야의 전문가가 되었다. 창업하는 사람들에
게 시행착오를 겪지 않고 빠르게 성공할 수 있는 노하우를 알려 주기 위해 1인 창업에 대한
개인저서를 집필 중이다.
E-mail donamo79@naver.com
Blog www.donamo.net

홀로 우리 세 자매를 키우신 엄마께 무엇을 드리고 싶은지 가
만히 생각해 봤다. 그런데 이게 어찌 된 일인가? 딱히 드리고 싶
은 선물이 없었다. 나 자신도 혼란스러웠다. 배은망덕하고 불효막
심한 딸이다. 언제부터 이런 생각을 가지게 되었는지도 모르겠다.

취직을 한 뒤 월급을 받으면 엄마에게 용돈도 드리고 가끔 선
물도 사 드렸다. 그런데 어느 시점부터 엄마에게 선물을 해 드려
야겠다는 생각이 없어졌다. 명절이나 생신날, 또는 우리 집에 방
문하셨을 때 의무적으로 용돈을 챙겨 드린 것 외에는 마음을 담
은 선물을 해 본 적이 없다. 내가 왜 엄마에게 선물을 해 드리고

싶은 마음이 없는 건지 그 이유를 찾기 힘들었다. 그리고 나쁜 자식이라는 죄책감에 사로잡혀 괴로웠다.

나는 1남 3녀 중 생활력이 강하다는 둘째 딸이다. 시골에서 농사지으시는 부모님께 기댈 수 없어 초등학교 때부터 대부분의 것들을 내가 알아서 결정하고 실행해 왔다. 병원도 혼자 알아서 다녔고, 학원도 다니고 싶은 곳을 물색해 내가 등록해서 다녔다. 물론 돈은 부모님이 내주셨지만, 다른 부모들처럼 자식들을 케어해 주시지는 않으셨다.

엄마는 알코올중독인 아빠한테 가정폭력을 당하면서도 자식들을 위해 참고 사셨다. 나는 어릴 때는 엄마가 차라리 이혼하고 행복한 삶을 찾아 떠났으면 하는 생각도 했었다. 하지만 마음 한 구석에는 엄마가 떠날지도 모른다는 불안함이 도사리고 있었다. 아빠가 돌아가시고 나서 엄마는 많은 농사일을 혼자 다 맡아서 하시고, 다른 집 농사일까지 해 주고 그 품삯으로 생활을 꾸려 나가셨다. 또한 아파트 청소 일을 몇 년 동안 하셨다.

내가 시집가고 난 뒤에도 딸의 집에 쌀이 안 떨어지도록 때가 되면 알아서 택배로 보내 주셨다. 친정에 가면 참기름, 들기름, 김치, 각종 반찬들도 다 꺼내서 싸 주셨다. 겨울철 농한기가 되면 맞벌이하는 내가 아이 키우고 살림하기 힘들다고 우리 집에 오셔서 두 달씩 살림을 돌봐 주셨다. 나는 매년 겨울이 되면 엄마가 오시길 손꼽아 기다렸다. 이런 헌신적인 엄마인데 나는 왜 마음의 벽을 세운 걸까? 원인을 알 수 없어 나쁜 딸이라는 죄책감에 눈물을 흘리기도 했다. 그러던 어느 날, 나의 내면아이를 만나고 마음 속 깊은 곳에 꼭꼭 숨겨 두었던 상처를 찾을 수 있었다.

엄마에게는 눈에 넣어도 아프지 않은 막내아들이 있다. 하지만 나에게는 항상 부족한 면이 많고 못마땅한 구석이 있는 막내 남동생이다. 막내는 돌아가신 조상들이 도와주는, 돈복을 타고난 사주라고 한다. 엄마 말에 의하면 막내가 외지에서 학교를 다니다가 집에 올 때면 이상하게도 없던 돈이 생겨서 용돈을 넉넉하게 받아 갔다고 한다. 엄마는 막내에게 차를 사 주고, 결혼 전에도 30평대 아파트 전세를 얻어 주셨다. 결혼할 때도 엄마 입장에서는 부족하다고 하셨지만, 내가 보기에는 넘치게 해 주셨다. 아마 이 부분에서 내가 상처를 받은 것 같다.

나는 직장에 다닐 때 방을 얻는 데 엄마가 도움을 주지 않으셔서 고모댁에서 1년을 살아야 했다. 그 뒤로 독립을 해서도 보증금 200만 원에 월세 18만 원짜리 지하 단칸방에서 살았다. 아직 교육을 시켜야 하는 동생들이 있어서 혼자 자식들 뒷바라지하는 엄마에게 손을 벌릴 수가 없었다. 내 능력에 맞춰 밑바닥부터 생활하는 것이 당연하다고 생각하고 엄마에게 필요한 것을 요구하지 않았다. 어려서부터 단련된 독립심과 생활력으로 이렇게 사는 것이 맞다고 생각했다.

나는 요구할 수조차 없는데 막내는 당연하게 누리고 사는 것을 보고 마음의 상처를 입었다. 어릴 적 TV 드라마에서 봤던 귀남이와 후남이 이야기가 남의 이야기가 아니었다. 그때부터 '엄마한테는 아들이 있으니까', '내가 아니어도 남동생이 해 주면 되니까'라는 마음이 생긴 것 같다. 그래서 혼자 계시는 엄마한테 전화도 자주 안 하고 무언가 선물을 해 드리고 싶은 마음이 사라진 것이다.

웅어리져 있던 나의 마음을 언니와 여동생에게 털어놓았다. 두 사람은 나보다 더 엄마에게 받은 것이 없는데도 나와 같은 마음을 가지고 있지 않았다. 그땐 생활이 어려워서 어쩔 수 없었다고 나를 위로해 주었다. 언니는 엄마와 동생들을 데리고 여행을 가고 싶다고 했다. 우리 가족은 크면서 한 번도 가족끼리 여행을 가 본 적이 없다. 방학 때가 되면 부모님과 바닷가로 피서를 다녀오는 친구들이 그렇게 부러울 수가 없었다.

우리는 방학 내내 집에서 농사일을 돕는 것이 전부였다. 방학 숙제로 기행문이나 그림을 그려 내야 했는데 쓸 만한 소재가 없었다. 하다못해 가족끼리 친척집을 방문한 적도 없다. 증조할머니, 할머니가 장수하셔서 모든 친척들이 명절이나 가족 대소사가 있을 때마다 우리 집에 모였다. 성장하면서 우리 집이 아닌 다른 곳에서 잠을 자 본 적이 없다.

엄마도 자식들과 여행을 한 적이 없으니 내가 여행을 선물로 드린다면 좋아하실 거라 믿는다. 그리고 언니랑 여동생에게도 뜻 깊은 선물이 될 것이다. 가족은 서로의 상처를 보듬어 줘야 한다. 나는 상처가 왜 난지도 모르고 혼자 벽에 갇혀 있었다. 이제 그 상처를 치유하는 시간을 갖고 싶다. 그땐 그럴 수밖에 없었다고, 여자 혼자의 몸으로 4명의 자식들을 키우고 가르치기 힘들었을 거라고 엄마의 두 손을 꼭 잡아 드리고 싶다.

엄마는 농사일을 많이 하셔서 허리가 굽으셨다. 척추협착증으로 수술도 받으시고 매년 신경주사를 맞으신다. 손가락도 굽어서 잘 펴지지 않는다. 나는 그런 엄마에게 사랑이 부족하다고 앙탈을 부리고 있었다. 이제는 엄마에게 미주알고주알 다 털어놓는 친구 같은 딸이 되고 싶다. 성격상 어려운 부분이 있긴 하지만 더 나이 드시기 전에 엄마와 교감을 하고 많은 대화를 해야겠다.

나도 딸이 하나 있다. 열두 살 사춘기 소녀다. 딸아이가 나한테 이거 해 달라, 저거 해 달라 당연하게 요구하는 것을 보면 화가 날 때가 있다. 내가 그 나이 때 누려 보지 못한 것을 너무 쉽게 당연하게 요구한다. 자신의 요구가 받아들여지지 않으면 화를 내기도 하고 아빠한테 이르기도 한다. 그런 딸의 모습이 당황스러웠다.

최근에서야 내가 딸에게 질투를 느끼고 투사하고 있다는 걸

깨달았다. 엄마와의 여행을 통해 내 안에 있던 상처받은 내면아이를 떠나보내려 한다. 그래야 온전히 엄마를 사랑할 수 있고 딸아이에게도 사랑을 줄 수 있다.

여행을 통해 엄마의 삶을 진심으로 이해하고, 형태가 다른 사랑이지만 그 사랑을 온전히 받아들이는 시간을 가져 보려 한다. 딸들과 해외여행 간다고 좋아하시며 동네방네 자랑하고 다니실 엄마의 모습이 생각나 미소가 저절로 지어진다.

38

수다쟁이 어머니를 대신해 글로써 영향력 전파하기

임동권

빌딩재테크 전문가, 컨설턴트, 저술가, 강연가, 하나부동산중개(주) 대표이사

대기업에서 11년간 근무하다 무역회사를 설립해 6년간 운영했다. 인생 2막을 빌딩 전문가로 정하고 부동산 중개업에 투신해 현재 하나부동산중개(주) 대표이사로 활동 중이다. 빌딩 부자가 되는 재테크를 세상에 널리 알려 월급쟁이나 자영업자도 꼬마빌딩주가 되어 노후를 행복하게 보낼 수 있도록 돕고자 하는 이타주의자다. 저서로는 《10년 안에 꼬마빌딩 한 채 갖기》, 《신축 경매로 꼬마빌딩 한 채 갖기》가 있다.

E-mail dkimpro2000@hanmail.net
Homepage www.hanaconsulting.co.kr

우리 어머니는 전라북도의 명산 대둔산 기슭의 양반집 장녀로 태어났다. 때는 일제 강점기인 1924년이었다. 외할아버지는 강경 지법 판사 출신으로서 고을의 유지였다. 그 당시는 여자는 교육을 시키지 않던 시대였다. 자신의 남동생들이 기초학문인 천자문을 배울 때 어깨너머로 천자문을 깨우친 어머니는 그 시대의 기준으로 비추어 보아도 깨어 있는 아낙네였다.

어머니는 6.25전쟁 때 논산으로 피난 왔고 거기서 나를 낳으셨다. 양반집 규수답게 고운 계란형 얼굴에 언제나 환한 미소를 지으며 사람들과 이야기 나누기를 즐겼다. 피난 온 시골 동네 아

낙으로서 텃세를 극복해야 할 입장에 처하다 보니 누구에게나 다정하게 대했던 모양이다. 시골길에서 오다가다 동네 아주머니들을 만나면 "어디 댕겨 오셔요? 바깥양반 기력은 좋으셔요?"라고 인사를 건넸다. 어릴 적 나는 이런 인사말에 의아했다. 왜 바깥양반 기력이 좋은지 물어보시는지, 프라이버시 침해가 아닌지 해서 말이다. 그런 것을 물어봐도 웃으면서 "좋아요!"라고 답하는 아주머니들이 이상해 보였다.

저녁이면 동네 아낙들이 우리 집 사랑방에 자주 모였다. 어머니는 항상 대화를 주도하셨다. 어쩌면 그렇게 머릿속에 장면이 훤히 그려지게 이야기를 잘하시는지! 한 번 입을 열었다 하면 30분은 기본이었다. 혹여 본인이 어디 아프기라도 하면 그 아픔에 대해 한 시간가량 쉼 없이 묘사하신다. 듣다 보면 웃음이 절로 난다. 상대방은 아프다는데 왜 듣는 이는 웃음이 나는지. 그렇게 한바탕 쏟아 내시면 아픔이 절반쯤 사라지는 모양이다. 다음 날 회복된 몸으로 밭일을 나가셨다.

아내와 결혼하기 전 연애할 때 그녀를 집에 데려간 적이 있다. 어머니께 인사시켜 드리는 자리였다. 아내가 앉자마자 어머니는 웃는 얼굴로 아내의 손을 꼭 쥔 채 한 시간 동안 마침 아팠던 본인의 병세에 대해 열변을 토하셨다. 며느릿감으로 데려온 규수 앞에서 한 시간을 할애해 아픔에 대하여 설명한다는 것은 그녀가 당신의 머느리로서 합격이란 뜻이었다. 아내는 그때 내심 좋기도 하고 한편으로는 황당하기도 했단다.

무슨 이야기든 주제만 있으면 청산유수였던 어머니가 떠나신 지 25년이 되었다. 가시면서 나에게 좋은 유산을 남겨 주셨다. 바로 이야기를 풀어내는 재주다. 나는 본성이 다소 내성적인 편이라서 어릴 적엔 말수가 없었다. 고등학교 때부터는 이래서는 안 되겠다 싶어 의식적으로 외향적으로 바꾸어 보려고 애를 썼지만 본성이 어디 가겠는가.

지금도 친구들과 만나면 나는 주로 듣는 쪽이다. 내내 경청하다가 가끔 한마디 거들면 폭소가 터진다. 나는 대화 시에도 잽 없이 곧바로 스트레이트 가격을 선호하는 편이다. 우리 어머니가 잽을 쉴 새 없이 날리는 화법을 구사했다면 나는 판세를 지켜보다가 한 방에 결정타를 날리는 화법을 선호한다. 장난기가 발동하면 주저 없이 19금을 넘나들기도 한다. 나 하나 망가지는 것을 보고 많은 이들이 즐거워하는 모습을 즐기는 편이다.

하지만 펜을 들면 사정이 좀 달라진다. 글에서는 강력한 임팩트를 주는 것도 중요하지만 그러기 위해서는 다루는 주제에 대해 문제를 제기함과 동시에 독자들의 관심을 일거에 집중시키고 몰입시켜야 한다. 일단 독자를 나의 우리에 가둬 놓은 뒤 주장을 논리에 맞되 재미있게 풀어 나가야 하기 때문에 수다쟁이가 되어야 한다. 내가 쓴 책이 제법 팔리는 걸 보니 나는 어머니를 빼닮은 것이 틀림없다.

내가 2015년에 첫 출간한 책《10년 안에 꼬마 빌딩 한 채 갖기》에는 40여 꼭지가 들어 있다. 나는 종종 그 책을 읽어 본다. 그러면서 느끼는 것은 내 본성에 어울리지 않게 참 수다스럽다는 것이다. 무슨 할 이야기가 그리 많은지…. 그런데 독자들은 좋단다. 부동산 재테크를 다루는, 딱딱한 주제들로 구성된 글들을 읽으면서 재미있다는 독서 후기가 많이 답지하고 있다. 2016년 말경이면 20쇄를 돌파할 정도로 판매도 순조롭다.

펜을 들면 수다쟁이로 돌변하는 나. 분명 어머니가 내게 물려주신 가장 큰 선물이다. 조만간 어머니 산소를 찾아뵐 작정이다. 작년과 올해 출간된 책 두 권을 산소 앞에 올려놓고 감사를 드려야겠다. 평소 어머니가 좋아하시던 흰 국화꽃 송이, 노란 국화꽃 송이를 한 아름 올려놓고 읊조리리라. 당신이 사랑방에서 떨치던 수다쟁이 명성을 이 아들이 이어받아 전국에 선한 영향력을 펼치겠노라고. 육성으로만 전해지던 당신의 전파 능력을 이 아들은 SNS와 책에 실어서 세상에 널리 퍼뜨리겠다고.

수다쟁이 어머니. 그 다정스런 수다가 그리운 요즘이다. 살아생전 못 해 드린 효도를 이제부턴 어머니를 대신하는 글 수다쟁이

로서 할 생각이다. 이제 어엿한 작가가 되어 어머니가 자랑스러워
하실 만한 위치에 섰는데 불러 보아도 대답 없는 당신이 너무 고
맙고 그립습니다!

39

부모님과 매년
여행 다니며 함께하기

이선영

'Change Young Company' 대표, 치과 위생사, 동기부여가, 전문 강연가
현재 전국의 병원을 상대로 내부 시스템을 잡아주는 컨설팅 사업을 하고 있는 체인지영컴퍼니의 대표다. 대학과 문화센터 등지에 1인 창업 노하우를 알려 주며 동기부여가로 활발하게 활동하고 있다. 저서로는《1인 창업이 답이다》,《병원 매출 10배 올리는 절대 법칙》외 2권이 있다.
E-mail juanijun@naver.com
Blog www.changeyoung.com
Cafe http://cafe.naver.com/changeyoung

'부모님' 하면 괜스레 콧등이 찡해지고 눈시울이 붉어지는 이유는 무엇일까? 아무래도 내 유년시절에 부모님께 제대로 사랑을 받지 못했기 때문이리라.

나는 '우리 집' 하면 따뜻하고 편안한 집이 떠오르는 게 아니라 딱딱하고 차가운 집이 떠오른다. 함께 여행을 가거나 놀이동산을 가 본 기억은 없고 부모님이 싸우는 모습만 보고 자라 늘 다른 친구들을 부러워했었다. 어릴 때부터 본 부모님의 싸움은 말싸움을 넘어 몸싸움으로 번져 두 분의 몸에는 상처가 가실 날이 없었다. 밥을 먹다가 아버지가 밥상을 엎어 동생과 함께 방으로

도망친 적도 한두 번이 아니었다.

나는 한창 관심과 사랑을 받고 자라야 할 나이에 누구의 도움도 받지 않고 스스로 선택하고 행동해야만 했다. 동생은 부모님 대신 나만 바라보며 따랐기 때문에 나는 엄마처럼 아픈 동생을 돌보고 놀아 주었다. 두 분 다 일을 하셔서 중학생 때는 새벽부터 혼자 일어나 도시락 반찬을 싸고 동생을 챙겨야만 했다. 그때는 그게 당연한 것인 줄 알았고 스스로 해야 한다는 것에 대해 불만을 가지지는 않았다. 그저 두 분이 또 싸우지는 않을까 언제나 노심초사해야만 했다.

물론 매번 싸우기만 한 것은 아니었다. 함께 외식도 하고 외출도 한 적이 있다. 그러나 내 기억에는 함께한 기억보다는 혼자 있었던 기억이 더 많다. 그래서 그럴까? 애정결핍으로 인해 가족에 대한 사랑을 끊임없이 갈구했다. 다행히 좋은 남편을 만나게 되어 즐겁고 행복한 가정을 꾸려 나가고 있다.

외로웠던 어린 시절을 지나 고등학생이 되었고 결국 부모님은 이혼하게 되었다. 예정된 절차라고 생각했기 때문에 눈물도 나지 않았다. 오히려 '너무 오래 끈 것이 아닌가'라는 생각을 했다. 두 분 다 새로운 사람을 만났으니 내게 이해해 달라고 말했다. 너무 어릴 때부터 많은 것을 경험했기 때문일까? 나는 그 모든 것들을 이해할 수 있었다. 부모님에게도 부모님의 인생이 있고 행복해야 할 권리가 있기 때문에 자식인 내가 걸림돌이 되어서는 안 된다고 생각했다. 나는 모두 이해한다고 말했고 이혼은 일사천리로 진행되었다. 어머니는 나가서 살고 나와 동생은 아버지와 함께 살게 되었다.

아무리 아버지와 싸워도 어머니가 계시는 것과 아닌 것은 큰 차이가 있었다. 그때쯤 동생은 엇나가기 시작했고 불량한 친구들과 어울리면서 결국 중학교를 중퇴했다. 다행히 금방 제자리로 돌아와 군대도 다녀오고 일도 하기 시작했다. 하지만 그때는 동생을 쫓아다니랴 학교 공부 따라가랴 정말 정신이 없었다. 그래도 더 이상 아버지와 어머니가 싸우는 모습을 보지 않아도 되어서 마음만은 편안했다.

시간이 흘러 대학교를 졸업하고 취직을 하고 어른이 되었다. 아니, 어른이 된 것 같지만 사실은 상처 입은 내면아이로 인해 제대로 된 어른은 되지 못했다. 그저 부모 곁을 떠나고 싶은 마음뿐이었다. 눈앞에 보이지 않으면 편해질 것만 같아서 일부러 대학교도 멀리 가고 직장도 3시간 거리인 경기도에서 구했다.

그렇게 떨어져 산 지 10년이 넘어 결혼을 하고 어느덧 아이도 생겼다. 눈에 넣어도 안 아픈 너무나도 예쁜 아이를 보니, 또 그만큼 부모님의 작은 어깨가 자꾸만 눈에 밟힌다.

부모님도 이제 나이가 드시면서 마음이 많이 약해지고 자식이 그리운가 보다. 예전에는 '사랑한다'라는 말을 전혀 하지 않았던 어머니가 갑자기 "보고 싶다.", "사랑한다."라고 말씀하시는 게 아닌가? 그 말을 듣는데 울컥했다. 어릴 때 그런 말을 해 줬더라면 얼마나 좋았을까? 그때도 분명 나를 사랑했을 텐데 왜 이제야 말씀하시는 걸까? 지금보다 더 작고 보살핌이 필요한 그때 따뜻하게 안아 주고 사랑해 줬더라면 좀 더 행복해질 수 있지 않았을까?

그러나 한 아이의 엄마가 된 지금 나는 알게 되었다. 그때는 어머니도 너무 힘들어서 아이를 돌아볼 틈이 없었던 것이다. 살기 힘들고 팍팍한 가운데 가장 힘이 되어 주어야 할 동반자와 맞지 않아 늘 싸우기만 하니 사랑하는 자식들에게 웃어 보일 여유가 없었을 것이다. 당신도 살기 위해서 아등바등 발버둥을 쳤던 것이고 그게 자식에게 상처를 남기게 될 것이라고는 생각하지 못했으리라. 나이가 들어 가면서 빈자리가 느껴지다 보니 점점 더 자식이 보고 싶고 자식보다 더 귀여운 손녀를 보니 예전에 못다 한 표현을 지금이라도 하고 싶었던 것이리라.

예전에는 일주일에 한 번 통화를 할까 말까 했었는데 요새는 하루가 멀다 하고 전화해서 안부를 묻고 애정표현을 하신다. 1인 창업해서 잘나가는 딸 자랑하시느라 시간 가는 줄 모르시고 나를 보며 행복하다고 말씀하시는 부모님. 먹고사는 것조차 힘들어서 챙겨 줄 시간이 없었는데도 이렇게 잘 자라 주어서 너무 고맙고, 미안하다고 말씀하시는 부모님을 보며 나는 이미 부모님을 용서했다고 말하고 싶다. 아니, 용서가 아니라 이해한다고 말하고 싶다. 그 시절, 내게 먹일 분유 값이 없어서 이모들이 분유를 사 줬다고 한다. 또한 해외로 돈 벌러 나가신 아버지 때문에 임신한 몸으로 혼자서 나를 건사하느라 많이 힘드셨을 것이다. 거기다 두 분의 성격 차이로 많이 다투었으니 그 무게가 더 컸을 것이다.

이제 한 아이의 엄마가 되고 보니 그 마음이 이해가 된다. 엄마가 행복하지 않으면 아이에게 웃어 줄 수가 없다. 지금 당장 내 몸 하나 건사하기 힘든데 어떻게 웃어 줄 수 있겠는가? 웃는다고 하더라도 그 내면에 숨겨진 슬픔을 숨길 수는 없다. 부부 중심의 가정이 되어야 아이도, 가정도 튼튼해진다. 부부가 흔들리면 가정 자체도 흔들릴 수밖에 없다.

나는 부모가 되어서야 부모님을 온전히 이해하게 되었다. 많이 힘들고 아팠을 부모님에게 선물을 드리고 싶다. 항상 내게 아픈 손가락이었던 아버지는 여전히 혼자서 외롭게 식사를 하고 일을 하신다. 많은 나이에도 일을 하러 나가시는 모습이 늘 눈에 밟혔다. 외로워하는 아버지의 마음을 어루만져 드리고 싶다.

책을 써서 작가가 되고 1인 창업해 대표가 된 지 만 3년. 이제 부모님의 아픈 마음을 어루만져 줄 선물을 드릴 수 있게 되었다. 가장 받고 싶고 갖고 싶어 하던 것, 그건 바로 '함께하는 것'이다. 매년 분기별로 함께 여행을 가고 맛있는 것도 먹고 함께 같은 것을 보고 같은 경험을 공유하며 함께 웃는 것이 가장 큰 선물이자 부모님이 가장 바라는 것이다. 같이 살면 더 좋겠지만 그럴 수 없으니 최대한 함께하는 시간을 만들려고 한다.

작년에는 아버지와 제주도로 2박 3일 동안 여행을 다녀왔다. 한 번도 제주도를 못 가 봤다는 말씀에 신랑이랑 바로 계획을 세워서 다녀왔는데 정말 좋았다. 올해는 어머니 그리고 외갓집 식구들과 문경 펜션에서 신나게 보냈다. 내년에는 어머니와 제주도에 갈 계획이다. 어머니도 한 번도 제주도를 가 보지 못했다고 해서 봄에 이모들과 함께 가기로 진행 중이다. 또한 내년 봄에 아버지와 중국여행도 갈 것이다.

함께하는 시간을 많이 만들고 많이 웃고 행복한 기억만 남기고 싶다. 부모님들도 더 이상 내게 미안해하지 않게 좋은 추억만 만들어 드리고 싶다. 아픈 기억은 모두 지워 버리고 늘 웃으셨으면 좋겠다. 그래서 '우리 선영이 낳길 잘했다. 너는 내 생애 가장 큰 선물이야'라고 생각하셨으면 좋겠다. 나 또한 낳아 주셔서 너무 감사하고 상처는 있었지만 스스로 선택하고 행동하며 큰 덕택에 1인 창업으로 당당하게 성공할 수 있었다고 생각한다. 부모가 없으면 나도 없기에 그저 감사하다.

"사랑합니다. 어머니, 아버지. 이제 모든 상처 잊어버리고 함께 좋은 추억 많이 만들고 늘 행복하게 살아요. 제가 항상 함께하겠습니다."

부모님에게 꼭 해드리고 싶은 39가지

초판 1쇄 인쇄 2016년 11월 25일
초판 1쇄 발행 2016년 12월 02일

지 은 이 **엄광훈 김용일 외 37인**
펴 낸 이 **권동희**
펴 낸 곳 **시너지북**
기   획 **김태광**
책임편집 **김진주**
디 자 인 **이보희**
교정교열 **우정민**
마 케 팅 **김응규 허동욱**

출판등록 **제312-2012-000040호**
주   소 **경기도 성남시 분당구 수내동 16-5 오너스타워 407호**
전   화 **070-4024-7286**
이 메 일 **synergybook@naver.com**
홈페이지 **www.wbooks.co.kr**

ⓒ시너지북(저자와 맺은 특약에 따라 검인을 생략합니다)
ISBN 979-11-87532-24-8 (03190)

이 도서의 국립중앙도서관 출판도서목록(CIP)은 서지정보유통지원시스템 홈페이지(http://seoji.nl.go.kr)와 국가자료공동목록시스템(http://www.nl.go.kr/kolisnet)에서 이용하실 수 있습니다.(CIP제어번호: CIP2016027202)

시너지북은 독자 여러분의 책에 관한 아이디어와 원고 투고를 설레는 마음으로 기다리고 있습니다. 책으로 엮기를 원하는 아이디어가 있으신 분은 이메일 synergybook@naver.com으로 간단한 개요와 취지, 연락처 등을 보내주세요. 망설이지 말고 문을 두드리세요. 꿈이 이루어집니다.

시너지북은 위닝북스의 브랜드입니다

※ 책값은 뒤표지에 있습니다.
※ 잘못 만들어진 책은 구입하신 서점에서 교환해 드립니다.